W0052882

Gerald Braunberger

KEYNES FÜR JEDERMANN

8/18

GERALD BRAUNBERGER

KEYNES FÜR JEDERMANN

Die Renaissance des Krisenökonomen

Frankfurter Allgemeine Buch

Bibliografische Information der Deutschen Nationalbibliothek
Die Deutsche Nationalbibliothek verzeichnet diese Publikation
in der Deutschen Nationalbibliografie; detaillierte bibliografische
Daten sind im Internet über http://dnb.d-nb.de abrufbar.

Gerald Braunberger
Keynes für jedermann
Die Renaissance des Krisenökonomen

F.A.Z.-Institut für Management-,
Markt- und Medieninformationen GmbH
Mainzer Landstraße 199
60326 Frankfurt am Main
Geschäftsführung: Volker Sach und Dr. André Hülsbömer

2. Auflage
Frankfurt am Main 2012

ISBN 978-3-89981-203-9

Frankfurter Allgemeine Buch

Copyright F.A.Z.-Institut für Management-,
            Markt- und Medieninformationen GmbH
            60326 Frankfurt am Main

Umschlag   F.A.Z.-Verlagsgrafik
Satz   Ernst Bernsmann
Titelbild © Corbis/Bettmann
Druck   CPI Moravia Books s.r.o., Brněnská 1024, CZ-691 23 Pohořelice

INHALT

EINFÜHRUNG

„Ja, er ist tot – so tot wie Newton und Einstein."
Der Nobelpreisträger Paul Samuelson über John Maynard Keynes

„Man wird die Geschichte jener Jahrzehnte, die mit dem Ende des Ersten Weltkriegs beginnen, wahrscheinlich ebenso wenig ohne den Namen dieses seltsamen Mannes wie ohne denjenigen eines Einstein, eines Churchill, eines Roosevelt oder eines Hitler schreiben können."
Der Ordoliberale Wilhelm Röpke

63 Jahre

John Maynard Keynes (1883 bis 1946) ist wieder da. Wer daran zweifelt, erhält auf einer modernen Suchmaschine im Internet für die Eingabe „John Maynard Keynes" mehr Treffer als für viele bekannte moderne Ökonomen. Es handelt sich um ein unwahrscheinliches, aber doch auch verständliches Comeback. Unwahrscheinlich, weil Keynes von der herrschenden Meinung vor langer Zeit als eine einstmals fraglos bedeutende, aber auch der Vergangenheit angehörende Gestalt im Mausoleum der verblichenen Ökonomen abgelegt wurde. Verständlich, weil die aktuelle Finanz- und Wirtschaftskrise das Vertrauen in die zeitgenössischen Ökonomen erschüttert hat und Keynes den Ruf eines Krisenökonomen besitzt, der sein wichtigstes Buch verfasste, um einen Weg aus der schlimmsten Wirtschaftskrise des 20. Jahrhunderts zu zeigen. Die Bereitwilligkeit, mit der selbst jahrzehntelange „Anti-Keynesianer" in der aktuellen Krise eine Wirtschaftspolitik vertreten, die sich mit dem Namen des Briten verbindet, ist bemerkenswert und in der jüngeren Wirtschaftsgeschichte einmalig.

Als habe er es geahnt, hatte Keynes in einer berühmten Passage im Jahre 1936 geschrieben: „Die Gedanken der Ökonomen und Staatsphilosophen sind, sowohl, wenn sie im Recht, als wenn sie im Unrecht sind, einflussreicher, als gemeinhin angenommen wird. Die Welt wird in der Tat durch nicht viel anderes beherrscht. Praktiker, die sich ganz frei von intellektuellen Einflüssen glauben, sind gewöhnlich die Sklaven irgendeines verblichenen Ökonomen … Ich bin überzeugt, dass die Macht erworbener Rechte im Vergleich zum allmählichen Durchdringen von Ideen stark übertrieben wird … Aber früher oder später sind es Ideen, und nicht erworbene Rechte, von denen die Gefahr kommt, sei es zum Guten oder sei es zum Bösen."

John Maynard Keynes war aber nicht nur ein bedeutender Ökonom, sondern auch ein ganz ungewöhnlicher Mann mit einer beeindruckenden Vielfalt an Interessen, dem das Leben im Elfenbeinturm fernlag. Der erste Teil des Buches ist daher seiner Vita gewidmet. Er enthält nicht nur einen Lebenslauf, sondern auch Kapitel über Keynes, den Freund von Philosophie und Kunst, über Keynes, den Kapitalanleger, über sein Verständnis von Kapitalismus, Staat und Politik sowie über seine Anforderungen an einen guten Ökonomen.

Der zweite Teil behandelt Keynes' Werk, das weit über sein bekanntestes Buch, die *Allgemeine Theorie der Beschäftigung, des Zinses und des Geldes* (hiernach meist als *Allgemeine Theorie* abgekürzt) hinausgeht. Keynes ist entgegen einer populären Verkürzung nicht nur ein Vertreter expansiver Finanzpolitik in Krisen gewesen. Er befasste sich intensiv mit vielen Fragen rund um Geld, Währung, Finanzmärkte und Inflation und entwickelte im Zweiten Weltkrieg einen Entwurf für eine Weltwährungsordnung. Keynes hat ein außerordentlich reiches, ganz überwiegend praxisorientiertes, aber auch alles andere als unumstrittenes Werk hinterlassen.

Das Thema des dritten Teiles bildet die Wirkung, die das Werk des Briten in der Politik vieler Staaten, darunter auch in Deutschland, wie in den Wirtschaftswissenschaften hinterlassen hat. Dieser Teil behandelt Aufstieg, Niedergang und Wiedergeburt keynesianischer Wirtschaftspolitik und Ökonomik und stellt neben der gängigen Mainstream-Interpretation seines Werkes auch moderne finanzmarktorientierte und verhaltensökonomische Ansätze vor.

Keynes' Ideen beschäftigen heute wieder viele Menschen. Daher ist es wichtig, diese Ideen zu kennen.

Frankfurt, im Februar 2012   Gerald Braunberger

TEIL I

LEBEN UND ÜBERZEUGUNGEN

I DAS LEBEN EINES SOLITÄRS

„Es gab kaum eine Zeit in seinem Leben,
in der er nicht aus großer Höhe auf den Rest Englands
und einen großen Teil der Welt hinabschaute."
Der Keynes-Biograph Robert Skidelsky

Cambridge

Cambridge war vor knapp 130 Jahren eine kleine Stadt mit einer der berühmtesten Universitäten Englands. Das Establishment der Stadt wurde von einem überwiegend liberal geprägten Bildungsbürgertum gebildet, das oft materiell abgesichert, wenn auch nicht unbedingt vermögend war. Die Universität in Cambridge galt als besonders qualifiziert in den Fächern Philosophie und Mathematik und hatte wie die Erzrivalin in Oxford lange Zeit vor allem junge Männer für eine kirchliche Laufbahn ausgebildet.

Seit der Mitte des 19. Jahrhunderts hatten sich aber immer mehr Menschen innerlich vom Christentum entfernt, und so begannen sich Cambridge und Oxford auf die Ausbildung junger Männer für die Verwaltung und die Politik, die sogenannten Mandarine, zu spezialisieren. Darin erwiesen sich die beiden Universitäten als außerordentlich erfolgreich; bis zum heutigen Tage haben alleine 15 britische Premierminister in Cambridge studiert. Das Bildungsbürgertum in Cambridge begann daher, zu einem Elitismus zu neigen, und seine Universität als Brutstätte der qualifiziertesten Politikberater des Landes zu verstehen.

In dieses Umfeld wurde John Maynard Keynes am 5. Juni 1883 in der Harvey Road Nr. 6 geboren. Sein Vater John Neville Keynes war ein bekannter Mann nicht nur an der Universität, wo er Logik und Politische Ökonomie lehrte, sondern wegen mehrerer Buchveröffentlichungen auch in den gebildeten Kreisen außerhalb der Stadt an der Cam. Mangelndes berufliches Selbstbewusstsein und fehlender Antrieb hatten John Neville Keynes jedoch eine glänzende akademische Karriere versagt, so dass er niemals Professor wurde. In seinen späteren Jahren machte er sich in der Verwaltung der Universität einen guten Namen. Da John Neville Keynes sehr gute Beziehungen zu vielen Gelehrten unterhielt und sie gerne zu sich nach Hause einlud, lernte sein Sohn schon in jungen Jahren die berühmtesten Professoren der Stadt kennen. Dass es ihn in die Wissenschaft ziehen würde, erstaunt angesichts dieser Erfahrungen nicht.

Was seinem Vater an Schwung fehlte, besaß seine Mutter Florence Ada. Sie engagierte sich für Sozialreformen und wurde die erste Bürgermeisterin von Cambridge. John Maynard hatte zwei jüngere Geschwister, eine Schwester namens Margaret und einen Bruder namens Geoffrey, der ein bekannter Mediziner und ein berühmter Büchersammler werden sollte. Die Familie lebte in gutbürgerlichen Verhältnissen mit mehreren Hausangestellten; man reiste gerne durch England und ins Ausland, interessierte sich für Kunst und betrieb – innerhalb gewisser Grenzen – auch Sport. Alle Welt (mit einer Ausnahme) nannte den Erstgeborenen nur „Maynard"; die Ausnahme war seine Mutter, die ihn lediglich „John" nannte. Die Anrede „John Maynard" war gänzlich ungebräuchlich. Keynes' erster Biograph Roy Harrod hat viele Eigentümlichkeiten seines Helden mit den „Vorprägungen der Harvey Road" begründet: mit dem sozial gefärbten Liberalismus seiner Gesellschaftsschicht, aber vor allem dem von keinem Selbstzweifel angekränkelten Elitismus. Als die kanadische Autorin Elizabeth Johnson in den späten vierziger Jahren die damals hochbetagten Eltern Maynards besuchte, traf sie zwei rüstige, sehr freundliche und zuvorkommende Senioren an, die im Gespräch aber keinerlei Zweifel daran ließen, dass sie sich zu allen Themen letztinstanzlich äußern konnten.

Maynard zeigte schon in jungen Jahren eine erstaunliche Intelligenz, und so trat er im Alter von 14 Jahren in die Eliteschule Eton ein. Dort gewann er viele Preise in Wettbewerben. Gelehrt wurden in Eton vor allem Mathematik, Latein, Griechisch und Französisch. Nebenher betrieb er Familienforschung und fand heraus, dass sich der Name seiner Familie von der Ortschaft Cahagnes in der französischen Normandie ableitete, aus der ein ferner Vorfahr nach England gekommen war. Der Name Keynes gefiel ihm nicht zuletzt deshalb außerordentlich, weil er sich auf das englische Wort *brains* („Verstand") reimte. Daneben wurde er Mitglied mehrerer Gesellschaften von Schülern, in denen unter anderem die Kunst der Debatte geübt wurde. Die Erfolge des jungen Keynes in der angesehensten englischen

Schule steigerten noch sein schon zu Hause erfahrenes selbstbewusstes Denken, obgleich er vielen seiner Mitschüler als ein netter Kerl galt. In der abgeschlossenen Internatswelt, zu der nur Jungen zugelassen wurden, hatte er sehr wahrscheinlich auch seine ersten homosexuellen Erfahrungen.

Die erfolgreichsten Schüler aus Eton besaßen Anspruch auf ein Stipendium an der vielleicht namhaftesten Schule der Universität Cambridge: *King's College*. Das Fundament der Universität bilden mehr als zwei Dutzend selbständiger, sich auch selbst verwaltender Schulen (Colleges), von denen *King's* traditionell zu den herausragenden zählt. Der junge Keynes begann dort ein Studium der Mathematik und der Klassischen Philologie; gleichzeitig machte er sich einen Namen als heller Kopf und sehr guter Debattierer in einer Vielzahl studentischer Clubs und Gesellschaften, darunter der Geheimgesellschaft der „Apostel" (Kapitel I, 1), wo er die Bekanntschaft mehrerer Philosophen machte. Über die Rangfolge der wichtigsten Dinge im Leben schrieb er einem Freund: „Die Liebe zuerst, die Philosophie an zweiter Stelle. Die Dichtung an dritter und die Politik an vierter Stelle".

Das Studium verlief nicht nach seinen Vorstellungen und denen seiner Eltern. Keynes hatte schon als Junge in Mathematik brilliert, aber als Studienfach reizte ihn Mathematik viel weniger als Philosophie. Er hörte acht Wochen lang Ökonomik bei einem Freund seines Vaters, dem damals bekanntesten britischen Ökonomen Alfred Marshall, aber Interesse konnte er diesem Fach nicht abgewinnen. Schließlich entschloss sich Keynes, keine akademische Karriere einzuschlagen, sondern in den Staatsdienst einzutreten. Als Zweitbester seines Jahrgangs – die schlechtesten Noten hatte er ausgerechnet in Mathematik und Ökonomik – trat er in London in das *India Office* ein, eine Behörde, die sich mit den Angelegenheiten der wichtigsten britischen Kolonie befasste. Dort war Keynes jedoch unterbeschäftigt; er langweilte sich schrecklich und schrieb nebenher an einer Doktorarbeit über Wahrscheinlichkeitstheorie, mit der er den prestigeträchtigen Rang eines *Fellows* in King's anstrebte. Ein *Fellow* besaß Lehrbefugnisse sowie die Möglichkeit, sich an der Verwaltung der Schule zu beteiligen, sowie Räume im College.

Mit einer fertigen Doktorarbeit bewarb er sich Ende 1907 an der Universität in Cambridge um ein mehrjähriges Stipendium. Doch obwohl in der Prüfungskommission Freunde seines Vaters saßen, zog man ihm andere Kandidaten vor; allerdings erhielt er das Recht, sich ein Jahr später noch einmal zu bewerben. Keynes hing in der Luft – bis die Rettung aus einer gänzlich unerwarteten Ecke kam. Der Ökonom Alfred Marshall bot dem jungen Briten eine Stelle als *Lecturer* („Vorleser") an, die Marshall und Keynes senior aus eigener Tasche finanzierten. Keynes sollte Vorlesungen halten, hatte aber selbst als Student nur wenige Wochen Ökonomik gehört und musste sich rasch in die Materie einlesen. Aus heutiger Sicht wirkt dieses Verfahren geradezu wahnsinnig. Doch damals steckte die Volkswirtschaftslehre in den Kinderschuhen. Marshall konnte sie erst im Jahre 1903 als eigenes Fach aus den Moralwissenschaften herauslösen. Er hatte die einzige Professur in Cambridge inne, es gab kaum Fachliteratur und auch nicht viele Studenten. Außerdem hatte er Keynes als ein großes Talent erkannt.

Der junge Dozent konzentrierte sich auf Geldtheorie und Geldpolitik und interessierte sich daneben für Finanzmärkte. Ein breiteres Wissen erlangte er durch die Leitung der Fachzeitschrift *Economic Journal,* die ihm Marshall verschaffte und die Keynes über Jahrzehnte nicht aus der Hand geben würde. Außerdem wurde er Mitglied eines in London ansässigen Clubs für Politische Ökonomie. Im Frühjahr 1909 wurde endlich seine Dissertation angenommen – die Veröffentlichung des danach noch einmal völlig überarbeiteten Werkes zog sich allerdings bis 1921 hin. Im Jahre 1911 wurde er *Fellow* von *King's College* und zum Dozenten für Ökonomik ernannt. Nach einem holprigen Beginn hatte seine Laufbahn doch noch eine ordentliche Richtung genommen.

Keynes teilte sich zu jener Zeit sein Leben zwischen Cambridge und London auf. In sein Privatleben kehrte keine Ruhe ein; er unterhielt sexuelle Beziehungen, unter anderem zu dem Maler Duncan Grant, die aber meist nicht sehr lange hielten und obendrein im Verborgenen bleiben mussten, da Homosexualität damals schwer bestraft wurde.

Wegen der Verachtung zahlreicher damaliger Konventionen empfand sich Keynes selbst als unmoralisch, war aber darauf eher stolz. Eine Art Heimat fand der junge Brite innerhalb eines sehr langlebigen Kreises von Künstlern, die überwiegend im Londoner Stadtteil Bloomsbury lebten und deshalb als Bloomsbury-Gruppe in die Geschichte eingegangen sind. Unter dem Einfluss seiner Freunde sammelte er begeistert moderne Malerei und historische Bücher.

Keynes ist vermutlich der einzige Ökonom von Weltrang, der einen nicht unerheblichen Teil seiner Zeit Künstlern und den Künsten gewidmet hat und von seinen Künstlerfreunden in seinem ökonomischen Denken beeinflusst wurde (Kapitel I, 2). Beziehungen zum politischen und wirtschaftlichen Establishment in der Hauptstadt verschaffte ihm die Mitarbeit in einer Kommission, die sich mit indischen Wirtschafts- und Währungsfragen befasste. Keynes' erstes Buch *Über Indische Währung und Finanzen (Indian Currency and Finance)* stammt aus jener Zeit und festigte seinen Ruf als Geld- und Währungsexperte.

Der Erste Weltkrieg

Der Ausbruch des Ersten Weltkriegs im Sommer 1914 überraschte Keynes; wie nicht wenige Mitglieder seiner Gesellschaftsschicht war er bislang aufgeschlossen gegenüber Deutschland und kritisch bis distanziert gegenüber

Frankreich sowie Russland gewesen. Dennoch lehnte er den Krieg nicht ab. Keynes war kein Pazifist, aber auch kein Hurra-Patriot, den es an die Front zog. Seine Einstellung war getragen von einem Liberalismus, der auch in Kriegszeiten dem Individuum möglichst viele Freiheitsrechte ließ. „In allererster Linie legte er verzweifelten Wert darauf, dass sich der Staat nicht in das Leben seiner Freunde einmischt", schrieb sein Biograph Robert Skidelsky. „Alle seine Instinkte ließen ihn daher einen Krieg befürworten, in dem Großbritannien Subsidien bereitstellen würde, aber keine großen Armeen. Das war traditionelle britische Politik, die wirtschaftlich Sinn hatte. Ihre Moral war fragwürdig. Sie bedeutete, dass sich britische Liberale nicht um Kriegsopfer kümmerten, solange es sich um Ausländer handelte. Keynes wurde sich dessen bald bewusst, und ab 1916 wollte er den Krieg durch einen Kompromissfrieden beenden."

Nachdem Keynes zunächst als Externer Zeitungsartikel und Gutachten über Währungsfragen im Krieg geschrieben hatte, wurde er am 6. Januar 1915 zum Berater im Schatzamt berufen. Die Jahre in der Regierung waren für die Prägung des Ökonomen Keynes von außerordentlicher Bedeutung, weil er als junger Mann in komplizierte internationale Wirtschafts- und Währungsprobleme eingebunden war und unschätzbare Erfahrungen machen konnte, die einem reinen Theoretiker verborgen blieben. Da Keynes dank seiner hohen Intelligenz und seiner Kenntnisse rasch reüssierte und aus einem guten Hause kam, wurde er zu einem festen Mitglied hoher gesellschaftlicher Kreise. Abendveranstaltungen mit Botschaftern befreundeter Staaten und Wochenenden im Hause des Premierministers, mit dessen Frau er Bridge spielte, oder anderer Regierungsmitglieder gehörten bald zur Routine.

Je länger der Krieg dauerte, umso unglücklicher wurde Keynes, und sein unbehagliches Gefühl verwandelte sich in Protest, als die Regierung Anfang 1916 die allgemeine Wehrpflicht ausrief. Für einen Liberalen wie Keynes war diese Entscheidung, die Menschen einem staatlichen Zwang unterwarf, unannehmbar. Wenn sich ein Engländer freiwillig zu den Streitkräften meldete, bitte sehr, das war seine Privatangelegenheit. Aber zwingen durfte man ihn nicht. Keynes drohte in seiner Stellung als wichtiger Regierungsberater keine Einberufung, aber dennoch stellte er einen Antrag auf Wehrdienstverweigerung aus Gewissensgründen, was damals möglich war, den Antragsteller aber gesellschaftlich zu stigmatisieren drohte.

Seine Argumentation lautete: „Ich bin nicht bereit, in einer solchen Angelegenheit mein Recht zur Entscheidung darüber, was meine Pflicht ist oder nicht, irgendeiner anderen Person abzutreten, und ich hielte es für moralisch falsch, dieses zu tun." Das zuständige Gericht entschied nicht über den Antrag, da Keynes ohnehin von der Wehrpflicht freigestellt war. Wie um seine Überzeugungen jedem klarzumachen, unterstützte Keynes in der Folge die Anträge mehrerer Freunde aus Bloomsbury auf Befreiung von der

Wehrpflicht aus Gewissensgründen. Ob er mit seiner Haltung im Establishment Unwillen oder Ablehnung erzeugte, war ihm – damals wie später – völlig gleichgültig. Keynes wurde zu Lebzeiten und nach seinem Tode von zahlreichen Gegnern Gewissenlosigkeit vorgeworfen. In der Frage der Wehrpflicht handelte er konsequent nach seinem Gewissen, auch wenn seine Handlung unpopulär war. Seiner Karriere im Schatzamt tat sein Protest freilich keinerlei Abbruch; im Gegenteil. Er erhielt wegen seiner hohen Qualifikation zusätzliche Kompetenzen.

Versailles

Nach dem Ende des Krieges gehörte Keynes als Vertreter des Schatzamts der britischen Delegation bei den Friedensverhandlungen in Versailles an. Seine dortigen Erfahrungen erschütterten ihn geradezu. Keynes unterstützte einen Friedensvertrag, der Deutschland im Rahmen seiner Möglichkeiten für den Krieg zahlen ließ, das Land aber nicht ruinierte, weil ein gesundes Deutschland nach seiner Einschätzung für das politische Gleichgewicht Europas und eine gedeihliche wirtschaftliche Entwicklung des Kontinents unabdingbar war. Doch während in Mittel- und Osteuropa die Menschen hungerten und auf Nahrungsmittellieferungen angewiesen waren, empfand Keynes vor allem die französischen und britischen Delegationsführer von Hass und Rachegelüsten und der Sucht nach politischer Profilierung getrieben.

Nicht, dass Keynes über Gebühr deutschfreundlich gewesen wäre, auch wenn er eine enge Beziehung zu einem Mitglied der deutschen Delegation, dem jüdischen Bankier Carl Melchior entwickelte, die bis zu Melchiors Tod 15 Jahre später halten würde. Aber der Brite spürte in Versailles eine Zeitenwende, die ihm Angst machte und ihn verärgerte. Er verließ die britische Delegation und kehrte nach England zurück, wo er innerhalb kurzer Zeit ein spektakuläres Buch schrieb, das in vielen Ländern veröffentlicht wurde und ihn auf einen Schlag zu einer internationalen Berühmtheit machte: *Die ökonomischen Konsequenzen des Friedensvertrags (The Economic Consequences of the Peace)*.

In diesem Buch stellt Keynes einem jahrzehntelangen, durch den Krieg unterbrochenen Zeitalter der Sicherheit und der wirtschaftlichen Prosperität die Aussicht auf ein Zeitalter der Unsicherheit, der wirtschaftlichen Verarmung und der politischen Unruhe in Europa gegenüber. Das Verhalten der Menschen unter Unsicherheit wurde sein großes wissenschaftliches Thema. Trotz politischer Gegensätze betrachtete Keynes Kontinentaleuropa als eine kulturelle und wirtschaftliche Einheit mit Deutschland in ihrem Zentrum, die offener Grenzen und freiem Güter- und Kapitalverkehr bedurfte. Diese Voraussetzungen sah Keynes durch einen aus Rachsucht gegenüber Deutschland geborenen Frieden zerstört. Ein über Gebühr geschwächtes und gedemütigtes und damit auf Revanche zielendes Deutschland, dem zu hohe Reparationslasten aufgebürdet wurden, sowie der Aufbau von Handelsschranken würden ganz Europa und damit auch den Siegermächten des Krieges zum Schaden gereichen. Dies nicht zu sehen, warf Keynes den Verantwortlichen für den Versailler Vertrag vor, über die er alles andere als schmeichelhafte Porträts verfasste.

Keynes empfand es vor allem als widersprüchlich, Deutschland einerseits durch die Abtretung von Gebieten und die Beschlagnahmung seiner Handelsflotte wirtschaftlich erheblich zu schwächen, andererseits aber hohe Reparationsforderungen zu stellen, die ein wirtschaftlich gesundes Deutschland voraussetzten. Zudem konnte Deutschland nur dann Reparationen zahlen, wenn es Exportüberschüsse erzielte. Damit aber würden die deutschen Unternehmen auf den Auslandsmärkten in Konkurrenz zu den britischen Unternehmen treten. Das Reparationsthema sollte Keynes in den folgenden Jahren immer wieder beschäftigen.

Mit diesem mit viel Verve verfassten Buch machte sich Keynes vor allem in seiner britischen Heimat, in den Vereinigten Staaten und in Frankreich wenig Freunde, obgleich er gerade in Großbritannien auch Zustimmung fand. In Deutschland stieß sein Buch naturgemäß auf viel Unterstützung. Im Nachhinein sind die Ansichten über die *Ökonomischen Konsequenzen* geteilt. Keynes hatte sehr wohl die politische Sprengkraft des Versailler Vertrags und seine wirtschaftlichen Folgen erahnt. Andererseits unterschätzte er in seinen Berechnungen angemessener Reparationen die wirtschaftliche Leistungsfähigkeit Deutschlands. Gegen Ende des Zweiten Weltkriegs verfasste der französische

Autor Etienne Mantoux eine Schrift, in der er Keynes' Werk einen unheilvollen Einfluss auf die politische Entwicklung der Zwischenkriegszeit bescheinigte. Das wiederum war übertrieben. Hitler verdankte seinen Aufstieg nicht dem Buch eines britischen Ökonomen.

Intermezzo 1: Der Mensch

Mit den Jahren nach dem Ersten Weltkrieg begann ein Vierteljahrhundert, in dem Keynes seinen Einfluss zu mehren verstand. Und da sich in ihm als Mittdreißiger die wesentlichen Charaktereigenschaften herausgebildet hatten, ist es an der Zeit, ein Porträt von ihm zu entwerfen, an dessen Grundzügen sich bis zum Ende seines Lebens nichts mehr ändern sollte. Ein solches Porträt hat die britische Sozialreformerin Beatrice Webb verfasst, die Keynes gut kannte, aber immer auch eine gewisse Distanz wahrte (Rosenbaum 1995):

„Er ist nicht einfach brillant im Ausdruck und provokativ in seinem Denken. Er ist ein Realist: Er stellt sich den Fakten und er hat Beharrlichkeit und Mut im Denken und Handeln. Vom Geschmack her ein Verwaltungsfachmann, vom Talent her ein Mann der Wissenschaft, mit einer bemerkenswerten literarischen Gabe, hat er nicht die Veranlagung zum politischen Führer. Nicht, dass ihm ‚Persönlichkeit' fehlte – er ist beeindruckend und attraktiv. Er könnte sich der Öffentlichkeit aufdrängen und um sich eine

Gruppe von Anhängern und Schülern scharen. Wenn er eine politische Partei tolerieren könnte, die von Gott gemacht wäre, könnte er sie führen. Aber er verachtet die gemeinen Menschen, vor allem, wenn sie sich in Herden versammeln. Er mag die menschliche Herde nicht und hat keinen Wunsch, den Herdeninstinkt für seine Seite zu gewinnen. Daher stammt seine Antipathie gegenüber den Gewerkschaften, proletarischer Kultur, gegenüber Nationalismus und Patriotismus im Unterschied zum Bürgersinn. Die gemeinsamen Interessen und vulgären Vorurteile der Aristokratien und Plutokratien missfallen ihm ebenso – tatsächlich mag er alle völlig normalen Gedanken und Emotionen nicht, die Menschen in Gruppen zusammenbinden."

Nicht nur der Philosoph Bertrand Russell hat Keynes als den klügsten Kopf geschildert, der ihm in seinem Leben begegnet ist. Keynes war nicht nur hochgebildet, sondern auch blitzgescheit, und die Schnelligkeit seines Denkens hat die Zeitgenossen ebenso fasziniert wie gelegentlich irritiert. Denn Keynes besaß auch eine Spielernatur, und um eines intellektuellen Spieles willen war er auch gelegentlich bereit, fragwürdige Positionen zu vertreten, um zu sehen, ob man sie ihm widerlegen konnte. Das Wissen um seine Geistesgaben förderte eine Arroganz, die nicht immer gut ankam. Neben hoher Bildung und Intelligenz verfügte Keynes daneben über einen bestrickenden Charme, und diese Kombination machte ihn nicht nur zu einem hochgeschätzten Gesellschafter, sondern auch zu einem Mann, dem Herzen zuflogen.

Aber natürlich war er nicht perfekt. Mit der außerordentlichen Lebhaftigkeit seines Geistes ging ein erstaunliches Maß an Vergesslichkeit einher. Sein Neffe Milo schilderte einmal, wie er den Onkel bei der Lektüre eines Buches des unbedeutenden englischen Poeten George Wither antraf. Maynard bemerkte: „Es ist merkwürdig, dass ich heute sehr viel über Wither und seine Werke weiß, aber nächste Woche nichts mehr davon wissen werde."

Keynes konnte gegenüber Schülern nachsichtig und ermunternd sein, selbst wenn sie überfordert waren. Der kanadische Ökonom Harry Johnson hat geschildert, wie er der Präsentation von Keynes' letztem Aufsatz im Frühjahr 1946, wenige Wochen vor dessen Tod, in Cambridge beiwohnen durfte. Es war kalt damals und die wirtschaftlichen Bedingungen miserabel, und so versammelte sich ein kleiner Kreis um einen Kamin, der den Raum nur spärlich heizte. Keynes trug eine Arbeit über die sogenannte Dollar-Knappheit vor. Damals fürchteten viele Ökonomen, dass die europäischen Länder in der Nachkriegszeit zu wenige Dollar erwerben könnten, um von der größten Volkswirtschaft der Welt dringend benötigte Güter zu kaufen. Keynes hielt das für Unsinn und er behielt damit posthum recht.

Das Los hatte den völlig unerfahrenen Johnson ausersehen, als Erster auf den Vortrag des legendären Meisters zu antworten. Johnson überlegte sich in aller Eile ein paar Kritikpunkte, an die er selbst nicht glaubte, und fürchtete, von dem Gewaltigen niedergemäht zu werden. Doch Keynes reagierte außerordentlich zuvorkommend und diskutierte Johnsons Einwände so, dass dieser den Eindruck gewann, er habe nicht nur Unfug erzählt. Als aber Joan Robinson, eine ehemalige Keynes-Schülerin und mittlerweile arrivierte Dozentin, eine kritische Frage an Keynes richtete, reagierte dieser unvermittelt derart aggressiv, dass Johnson darüber erschreckte.

Denn das war seine zweite Seite. Gegenüber etablierten Ökonomen, Politikern oder Geschäftsleuten, die seine Ansichten nicht teilten oder die Keynes für geistig minderbemittelt hielt, konnte er eine extreme Brutalität an den Tag legen, die ganz bewusst tiefe Verletzungen einschloss. Das galt vor allem für Politiker: Die Fälle, in denen Keynes Politiker jedweder Partei öffentlich als „Wahnsinnige" oder „Verrückte" bezeichnete, sind Legion. Wenn sich Keynes in bester Form befand und völlige Verdammnis mit literarischem Sich-gehen-lassen verbinden wollte, verfasste er nicht alltägliche Passagen wie die nachfolgende, in der er sich über den liberalen britischen Premierminister David Lloyd George äußerte: „Wie kann ich dem Leser, der ihn nicht kennt, eine gerechte Vorstellung von dieser außerordentlichen Erscheinung unseres Zeitalters vermitteln, dieser Sirene, diesem ziegenfüßigen Barden, diesem halbmenschlichen Gast unserer Epoche aus dem von Alben besessenen, magischen und verzauberten Wäldern der keltischen Urzeit? In seiner Gesellschaft spürt man das Aroma letzter Unzweckhaftigkeit, innerer Unverantwortlichkeit, eines Daseins außerhalb und abseits von unserem angelsächsischen Gut und Böse, gemischt mit jener Schlauheit, Reuelosigkeit und Machtliebe, die den schmeichlerisch schönen Zauberern der nordeuropäischen Volkskunde die Gabe der Bestrickung, der Unterwerfung und des Schreckens verleiht."

Das schrieb Keynes im Jahre 1919 nach der Konferenz von Versailles (auch wenn es erst viel später veröffentlicht wurde), doch dieses erschütternde Urteil über einen Spitzenpolitiker hielt Keynes nicht davon ab, zehn Jahre später Lloyd George in einem Wahlkampf aktiv zu unterstützen.

Dies führt zu einer weiteren Eigenart seines Charakters, die für viel Verwirrung sorgte: Keynes war auch ein Opportunist, und ein öffentlichkeitssüchtiger dazu. Um Aufmerksamkeit zu erlangen, konnte er Ansichten innerhalb kurzer Zeit ändern oder sich Politikern annähern, die er einmal verdammt hatte. Dieser Opportunismus machte Keynes gelegentlich zu einem Gespött in politischen Kreisen und zu einem beliebten Objekt für die Karikaturisten britischer Zeitungen.

Keynes war überdies kein weltläufiger, sondern blieb ein in seiner insularen Heimat fest verankerter Mann. Häufig wurde er als *very british* bezeichnet, und wenn er im Laufe seines Lebens auch viel ins Ausland reiste, so blieb er immer der unbeteiligte Engländer. Der Schriftsteller Clive Bell erinnerte sich an Gespräche in Bloomsbury über ihre

Erfahrungen in fremden Ländern: „In solchen Diskussionen konnte man nicht anders als erstaunt sein über Maynards Unfähigkeit, ein fremdes Land von innen zu betrachten. Frankreich, Italien, sogar Amerika, betrachtete er alle von den weißen Klippen von Dover, oder exakter, von Whitehall oder *King's*." Besonders abfällig äußerte er sich über die seines Erachtens unkultivierten Amerikaner, deren wirtschaftliche Dynamik er andererseits so positiv einschätzte, dass er einen nicht unerheblichen Teil seines Vermögens in Aktien amerikanischer Unternehmen hielt.

Keynes beherrschte kaum Fremdsprachen. Französisch lag ihm nicht; deutsche Texte konnte er wohl passabel lesen, aber nicht mehr. Manche Bekannte vertraten die Ansicht, Keynes habe nicht einmal England gekannt, sondern eigentlich nur den Großraum London und Cambridge, und sei daher eigentlich provinziell gewesen. Wie in seiner Gesellschaftsschicht damals nicht ganz unüblich, war Antisemitismus Keynes durchaus geläufig, der sich in abfälligen generellen Äußerungen seit seiner Jugend dokumentieren lässt. Das hinderte Keynes nicht, enge, freundschaftliche und vertrauensvolle Beziehungen zu Juden zu unterhalten wie dem Schriftsteller Leonard Woolf, dem deutschen Bankier Carl Melchior oder seinem Lieblingsschüler Richard Kahn.

Auch physisch war er ein auffälliger Mann. Er maß etwa zwei Meter und überragte damit fast alle Zeitgenossen. Allerdings hielt er sich für hässlich, und er litt darunter.

Zeitgenossen berichten, er habe jedoch anziehende Augen und vor allem eine unwiderstehliche Sprache besessen, obwohl er kein begnadeter öffentlicher Redner war. Seine Wirkung entfaltete er im kleinen Kreise, in dem er mit seinem gebildeten und wortreichen Englisch imponierte. Keynes besaß wiederum ein spezielles Verfahren, anhand dessen er neue Bekannte einordnete: Er schaute vor allem darauf, ob ihre Hände gepflegt waren.

Journalist anstatt Professor

Keynes besaß nach dem Ersten Weltkrieg einen festen Lebensablauf. Von Dienstagabend bis Donnerstagnachmittag einer Woche lebte er in London, wo er sich als Aufsichtsrat und Vermögensverwalter um mehrere Versicherungen und Kapitalanlagegesellschaften kümmerte, sich mit Vertretern von Regierung, Verwaltung und Banken traf, in Kommissionen mitarbeitete, ein reges gesellschaftliches Leben unterhielt und wo er mit seinen Freunden aus Bloomsbury verkehrte. Von Donnerstagabend bis Dienstagmittag hielt er sich in Cambridge auf, wo er an Sonntagen mit seinen Eltern zu Mittag aß und montags abends ein Privatseminar an der Universität unterhielt. Lange Ferienmonate im Sommer verbrachte er ab der Mitte der zwanziger Jahre in seinem Landhaus in Tilton südlich von London.

Und wo immer sich Keynes aufhielt, schrieb er unermüdlich. Den nach dem Buch über den Vertrag von Versailles erlangten internationalen Ruhm nutzte er für eine Karriere als Journalist und Publizist. Mit dieser Tätigkeit wollte er über die Medien Einfluss auf die Politik erlangen, aber nicht zuletzt Geld verdienen. Keynes war ein emsiger Schreiber, der über Agenten seine Artikel in namhaften Zeitungen des In- und Auslandes platzierte und hierfür ansehnliche Honorare kassierte. In England schrieb Keynes nicht nur für angesehene Zeitungen – nur die konservative *Times* versagte ihm dort lange ihre Spalten –, sondern auch für die Massenpresse. Überdies stieg er finanziell in die liberale Wochenzeitung *The Nation* ein, die nur eine kleine Auflage besaß und selten profitabel arbeitete, aber dafür das britische Establishment erreichte. Keynes war auch ein begnadeter Zweitverwerter, der zuvor erschienene Artikel in Broschüren und Büchern bündelte und damit viel Geld verdiente.

Der lukrativen Tätigkeit als Journalist und Publizist opferte Keynes ohne Wehmut seine akademische Karriere. Mehrere Rufe auf Professuren englischer Universitäten lehnte er in den zwanziger Jahren mit der Begründung ab, dies könne er sich finanziell nicht leisten. Das ist eine nicht überall bekannte Eigentümlichkeit seiner Laufbahn: Keynes wurde einer der einflussreichsten Ökonomen aller Zeiten, aber er war niemals Professor. Auch seine Tätigkeit als Dozent in Cambridge legte er nach dem Ersten Weltkrieg nieder, und in den nachfolgenden Jahren beschränkte er sich auf höchstens acht Vorlesungstage im Jahr. Seine raren Vorlesungen behandelten sein Spezialgebiet, die monetäre

Ökonomik. Als lebenslanger *Fellow* von *King's College* blieb Keynes aber auch ohne Professur in seiner geliebten Universität fest verankert. Dort besaß er feste Räume, er konnte Vorlesungen und Seminare abhalten, Studenten betreuen und prüfen und administrative Aufgaben wahrnehmen, zum Beispiel die Funktion des Schatzmeisters. Die einzige Ökonomieprofessur in Cambridge befand sich bis in die vierziger Jahre ohnehin außerhalb seiner Reichweite, da ihr Inhaber Arthur Cecil Pigou nur wenige Jahre älter war. Und als Keynes die Nachfolge Pigous während des Zweiten Weltkriegs angetragen wurde, zeigte er keinerlei Interesse.

Auch wenn Keynes wenig offizielle Verpflichtungen besaß, so war er ein unermüdlicher und hart arbeitender Mann, der bis zu seiner schweren Erkrankung im Jahre 1937 wenig Zeit für Entspannung und Muße fand. „Zu viel Arbeit, keine Ruhe, kein innerer Friede, immer neue Gedanken im Kopf", klagte er einmal. Sein hyperaktiver Geist, fraglos auch Geltungssucht sowie die Überzeugung, dank seiner überragenden Intelligenz könne er überzeugende Lösungen für drängende politische und ökonomische Fragen anbieten, trieben ihn immer wieder an. Um seine Positionen in Kommissionen durchzusetzen, bereitete er gerne umfangreiche Arbeitspapiere vor, während seine Kollegen oft unvorbereitet zu den Sitzungen kamen und sich darüber freuten, dass Keynes die wichtigste Vorarbeit bereits getan hatte. Schon während seiner Schulzeit hatte er seinem Vater geklagt: „Wenn ich in eine Kommission eintrete, läuft es darauf hinaus, dass ich die ganze Arbeit mache."

Die spätere Feststellung von Freunden und Biographen, Keynes habe sich totgearbeitet, entsprang weniger Mitgefühl als Plausibilität. Denn wenn er auch seit seiner Jugend immer wieder kränkelte und vor allem für schwere Erkältungen anfällig war, die ihn oft wochenlang ans Bett fesselten, so entstammte er einer Familie, in der Langlebigkeit verbreitet war. Seine beiden Eltern wurden jeweils über 90 Jahre alt und überlebten ihren ältesten Sohn. Und auch sein Bruder Geoffrey erreichte ein biblisches Alter.

Keynes war kein sportlicher Typ. In seiner Jugend hatte er gerne Golf gespielt; später beschränkte er sich auf lange Spaziergänge in der hügeligen Gegend um sein Landhaus. Er trank wenig Alkohol. Gäste, die er zu sich nach Hause einlud, mussten dort entgegen der britischen Etikette auf Whisky oder Gin verzichten, erhielten aber immerhin Sherry und Wein. Dafür rauchte er türkische Zigaretten. Vor allem aber war er ein dünnhäutiger Mann, der sich Kontroversen und ungelöste Probleme so sehr zu Herzen nehmen konnte, dass sie ihn körperlich belasteten.

Auf Distanz zum *Laissez-faire*

Der Vertrag von Versailles hatte in Keynes den Eindruck entstehen lassen, die Nachkriegszeit werde sich von den Jahrzehnten vor dem Kriege nachteilig unterscheiden. Die wirtschaftliche Krise, in die Großbritannien nach dem Jahre 1921 fiel, bestätigte seine Einschätzung. Sein Heimatland erschien ihm wirtschaftlich verkrustet und ermüdet; die wirtschaftliche Dynamik der Vorkriegsjahre gehörte der Vergangenheit an. Keynes begann, am Sinn einer liberalen Politik des *Laissez-faire,* die er zuvor vertreten hatte, zu zweifeln.

Seine Abkehr von den alten Vorstellungen nahm allerdings Jahre in Anspruch. *Ein Traktat über Währungsreform (A Tract on Monetary Reform)* zeigte im Jahre 1923 Keynes' Abkehr von der Goldwährung der Vorkriegszeit. In Aufsätzen wie *Das Ende des Laissez-faire (The End of Laissez-faire)* oder *Bin ich ein Liberaler? (Am I a Liberal?)* begann er mit dem Gedanken einer Welt zu liebäugeln, die weiterhin durch ein hohes Maß an individueller Freiheit und Marktwirtschaft gekennzeichnet war, in der zusätzliche wirtschaftliche Impulse allerdings vom Staat kommen mussten, um die Wirtschaft auf ein Vollbeschäftigungsniveau zu heben. Seinen Versuchen, die im Niedergang befindliche Liberale Partei mit einem modernen Programm am Leben zu erhalten, war jedoch kein Erfolg beschieden. Gleichzeitig begann er, ein langfristiges Szenario einer Gesellschaft zu entwickeln, in der die wichtigsten materiellen Bedürfnisse gedeckt sind und die mehr Muße für andere Tätigkeiten entwickelt als die Daseinsfürsorge.

Entschieden wandte sich Keynes im Jahre 1925 gegen die Absicht der konservativen Regierung, das Pfund aus Prestigegründen zum Vorkriegskurs in den Goldstandard zurückzuführen. Aus seiner Sicht besaß die britische Wirtschaft hierfür nicht die notwendige Leistungsfähigkeit; die damit verbundene Aufwertung des Pfund würde Exporte erschweren, deflationäre Tendenzen verstärken und die britische Wirtschaft noch tiefer in die Krise führen. An die Adresse des damaligen Finanzministers richtete er das Pamphlet *Die ökonomischen Konsequenzen von Mr. Churchill (The Economic Consequences of Mr. Churchill)*. Die konservative Regierung kümmerte sich nicht um diese Kritik, führte das Pfund mit einem zu hohen Wechselkurs in den Goldstandard zurück und erntete die von Keynes prognostizierte Verschärfung der Wirtschaftskrise.

Intermezzo 2: Der Schreiber

Die Veröffentlichung des Pamphlets gegen Winston Churchill soll Anlass bieten, die Schilderung von Keynes' Lebensbahn ein weiteres Mal zu unterbrechen, um ihn als Schreiber zu analysieren. Keynes war ein Mann des geschriebenen Wortes; er hat in seinem Leben neben wissenschaftlichen Büchern eine große Zahl von Essays, Pamphleten und Zeitungsartikeln veröffentlicht, zu denen noch die überwiegend nicht zur Veröffentlichung verfassten Memoranden und Briefe zu zählen wären. Die im Auftrag der *Royal Economic Society* posthum veröffentlichte Werkausgabe *Collected Writings* umfasst 30 Bände und ist keineswegs komplett. Hätte man alles veröffentlicht, was von Keynes' ökonomischen Schriften erhalten geblieben ist, wären nach Schätzungen rund 100 Bände entstanden, die sich aber nicht finanzieren ließen und die wohl auch niemand gelesen hätte.

Keynes fühlte sich am wohlsten, wenn er am Tag rund 1.000 Wörter schrieb, was beim damals üblichen Buchformat und angesichts der Neigung der englischen Sprache für kurze Wörter etwa drei Buchseiten entsprach.

Das Urteil über ihn als Schriftsteller steht seit langem fest und bedarf keiner Neuinterpretation: John Maynard Keynes lag der ausgeruht geschriebene Essay mit weitem Abstand am ehesten, und auf diesem Gebiet hat er auch aus literarischer Sicht für einen Ökonomen Beeindruckendes geleistet. Zugute kamen ihm hier seine breite Bildung und der Einfluss durch seine Freunde aus Bloomsbury. Seine biographischen Arbeiten über Carl Melchior, die erst im Kreis seiner Bloomsbury-Freunde vorgelesen und erst nach seinem Tode veröffentlicht wurden, sowie über die Ökonomen Thomas Malthus und Alfred Marshall gehören zweifellos zum Besten, was Keynes geschrieben hat.

Dass „mittellange" Formate mit einem klar definierten Thema seine Stärke waren, belegen auch Arbeiten wie das Buch über den Friedensvertrag, der Traktat über die Währungsreform sowie die zu Beginn des Zweiten Weltkriegs verfasste Schrift *How to Pay for the War*". Manche seiner Radioansprachen zeigen Keynes als einen Meister der Kunst, komplizierte ökonomische Themen für ein Laienpublikum verständlich zusammenzufassen. Allerdings leiden mehrere Vorlesungen und Essays, zu nennen wäre hier vor allem *Das Ende des Laissez-faire,* aber in Teilen auch das Werk über den Friedensvertrag, unter offensichtlichem Zeitdruck und einer daraus folgenden Oberflächlichkeit. Die Kritik des Ökonomen Joseph Schumpeter, Keynes hätte sich für manche Arbeiten zwei Wochen länger Zeit lassen sollen, trifft durchaus ins Schwarze. Aber er war nun einmal ein Vielschreiber, der noch dazu seinen privaten Neigungen frönte. So verfasste er aus reinem Interesse an dem Thema eine Studie über antike Währungen, die ihn viel Zeit kostete, die er aber nicht veröffentlichen wollte, weil er sie nicht für gut genug hielt. Als sie nach seinem Tode in den *Collected Writings* erschien, zeigten sich Fachleute angetan von der Arbeit.

Lydia und neue Ambitionen

Das Jahr 1925 brachte eine Wende in Keynes' Leben. Er heiratete die ihm seit Jahren bekannte russische Tänzerin Lydia Lopokova, und wenn auch seine Freunde aus Bloomsbury darüber nicht glücklich waren, so haben doch andere Freunde die Hochzeit als Keynes' beste Entscheidung in seinem Leben bezeichnet. Lydia gab nach der Heirat ihre eigene Karriere auf und blieb eine treue Gefährtin bis zu Keynes' Tod im Jahre 1946. Mit Blick auf seine frühere Homosexualität haben manche Kommentatoren die Verbindung mit Lydia als eine Scheinheirat bezeichnet. Das ist unzutreffend, denn Keynes hatte sich schon während des

Ersten Weltkriegs anstelle von Männern Frauen zuge-
wandt. Hinterlassene Briefe belegen zudem, dass das Paar
keine rein platonische Beziehung führte und zeitweise
ernsthaft über ein gemeinsames Kind nachdachte. Die Ehe
blieb allerdings kinderlos.

Mit Lydia als festem Halt in seinem Leben entwickelte
Keynes neben seinen sonstigen Aktivitäten wissenschaft-
lichen Ehrgeiz. Er galt zwar längst als einer der wichtigsten
Wirtschaftsexperten Englands, aber nun wollte er ein
grundlegendes Werk über das Geldwesen verfassen. Das
Buch erschien im Jahre 1930 und hieß *Vom Gelde (A Treatise
on Money)*. Das Buch ist in der deutschen Übersetzung 635
Seiten stark und zeugt von hoher Gelehrsamkeit, aber
Keynes war mit der Arbeit selbst nicht zufrieden.

Auch die Rezensenten reagierten überwiegend zurückhal-
tend. Denn Keynes war dabei, seine Meinungen zu ändern.
Noch im *Traktat über Währungsreform* war er ein Geldtheo-
retiker der orthodoxen Schule gewesen, der Veränderungen
des Preisniveaus auf Veränderungen der Geldmenge zu-
rückführte. Hingegen beeinflusste das Geld nicht (oder
wenn, dann nur kurzfristig und nicht nachhaltig) reale
Wirtschaftsgrößen wie die Güterproduktion und die Beschäftigung. Unter dem Eindruck einer langen Wirtschaftskrise, die mit der traditionellen Theorie nicht vereinbar schien, begann sich Keynes von der alten Theorie zu
distanzieren, ohne bereits über eine neue Theorie zu verfügen. *Vom Gelde* lässt trotz vieler interessanter Passagen,

etwa über Finanzmärkte, diese Unentschlossenheit spüren und war deshalb nicht das von seinem Autor beabsichtigte Meisterwerk.

Die Beurteilung von Keynes' theoretischem Werk muss seinen untypischen Lebensweg berücksichtigen. Der Brite hatte zwar als junger Mann als Dozent an der Universität gelehrt, der er auch nach dem Ersten Weltkrieg als *Fellow* eng verbunden verblieb. Aber Keynes war seit dem Ausbruch des Ersten Weltkriegs in erster Linie Praktiker und Publizist gewesen und kein Theoretiker. Der Wirtschaftstheorie verschrieb sich Keynes erst in seinen mittleren Jahren. Er war 47 Jahre alt, als *Vom Gelde* erschien, und immerhin 52 Jahre alt beim Erscheinen der *Allgemeinen Theorie.* Keynes war Teilzeitökonom und Vollblutökonom in einem. Der gewöhnliche Ökonom arbeitet in seiner Jugend theoretisch und entwickelt erst in späteren Jahren die Neigung, als Berater oder, noch seltener, als Unternehmer zu arbeiten. Bei Keynes war es genau andersherum, und dies ist eine Erklärung, warum ihm Wirtschaftstheorie nicht leichtfiel und die Bearbeitung seiner beiden theoretischen Bücher jeweils mehrere Jahre in Anspruch nahm.

Auf dem Weg zur Allgemeinen Theorie

Keynes resignierte jedoch nicht und entschloss sich, im Anschluss an *Vom Gelde* das Versäumte zu leisten: ein grundlegendes theoretisches Werk, das eine Erklärung für eine in einer Krise befindliche Wirtschaft lieferte. In diesem Ansinnen war Keynes nicht alleine, denn in Cambridge hatte sich ein aus Schülern verbundener „Zirkus" gebildet, der zunächst *Vom Gelde* kritisch analysierte und Keynes dann bei seinem neuen Buch unterstützte. Mitglieder des „Zirkus" waren unter anderem Joan Robinson, Austin Robinson, Richard Kahn und James Meade. Zum wichtigsten Helfer wurde sein Lieblingsschüler Richard Kahn (1905 bis 1989), der nicht nur mit seinen Freunden an der Universität Kapitelentwürfe diskutierte, sondern auch viel Zeit auf Keynes' Landsitz verbrachte, um mit dem Meister die neue Theorie zu erörtern. Der dokumentierte Briefwechsel zwischen Kahn und Keynes belegt einen erheblichen Einfluss des Jüngeren, der als mathematisch versierter Sparringspartner und Ideengeber Keynes' Rohgedanken in eine Form zu gießen wusste und seinen Lehrer vor manchen Irrtümern bewahrte.

Mit dem Ausbruch der Weltwirtschaftskrise in den frühen dreißiger Jahren wuchsen Keynes' Zweifel am *Laissez-faire* immer mehr. Er begann sich vom Freihandel, an dem er zuvor eisern festgehalten hatte, zu distanzieren, und flirtete vorübergehend sogar mit Autarkiegedanken. Er begann anders als früher schuldenfinanzierte staatliche Ausgabenprogramme zu befürworten und sah sich darin im Einklang mit vielen namhaften Ökonomen, die eigentlich mehr Vertrauen in die Selbstheilungskräfte des Marktes besaßen als er, nun aber doch staatliches Handeln für unabdingbar hielten. Die politische Radikalisierung

Kontinentaleuropas sowie der Studentenschaft in Cambridge bereiteten Keynes ernste Sorgen um den Fortbestand der liberalen Demokratie. „Wenn die Studenten aus Cambridge auf ihren unvermeidlichen bolschewistischen Trip gehen, sind sie dann enttäuscht, wenn sie feststellen müssen, wie ungemütlich das alles ist? Offensichtlich nicht, genau das haben sie wohl gesucht", schrieb er im Jahre 1934 ernüchtert. Da er politischen Extremismus ablehnte, sah er die einzige Möglichkeit in einem nach wie vor im Grundsatz freiheitlichen marktwirtschaftlichen System, das aber einer Prise staatlichen Managements bedurfte, um zu überleben.

Als die *Allgemeine Theorie* endlich Anfang 1936 erschien, erzeugte sie anfangs mehr Verwirrung als Erleuchtung. Keynes wollte zeigen, dass eine Volkswirtschaft nicht wie in der traditionellen Theorie in erster Linie durch die Angebotsbedingungen getrieben wurde, sondern durch die Nachfragebedingungen, und das hier das Geld eine sehr viel aktivere Rolle spielte als in der traditionellen Theorie. Er wollte theoretisch demonstrieren, dass eine unzureichende gesamtwirtschaftliche Nachfrage eine Wirtschaft dauerhaft in einer Situation hoher Arbeitslosigkeit halten konnte und die berühmten Selbstheilungskräfte des Marktes in einer solchen Situation versagen.

Die traditionelle Theorie kannte keine langen Phasen hoher Arbeitslosigkeit, wohl aber die Realität. Seit dem Jahre 1921 war die Arbeitslosenquote in Großbritannien niemals unter 9,7 Prozent gefallen. Inwieweit Keynes mit seiner *Allgemeinen Theorie* einen völligen Bruch mit der traditionelle Theorie erzeugt oder ob er eine mit der traditionellen Theorie vereinbare Sondersituation geschildert hatte, bleibt bis heute umstritten. Nach einer ersten Phase der Verwirrung ging das Werk jedoch den von Keynes vorausgesagten Weg. Seine Lehren wurden populär und einflussreich, auch wenn nur die wenigsten Menschen, die sich über Keynes äußerten und noch heute äußern, das Buch jemals gelesen haben dürften.

Keynes und Hayek

Die *Allgemeine Theorie* zeigte auch deswegen Wirkung, weil es im Laufe der Zeit zwar neben Zustimmung auch viel Kritik gab, aber keine sich aufdrängende Alternative. Keynes war bei weitem nicht der einzige Ökonom, der sich damals mit Wirtschaftstheorie befasste, und der kanadische Ökonom David Laidler hat in seinem Werk *The Fabricating of the Keynesian Revolution* geschildert, wie seinerzeit und auch schon zuvor viele Ökonomen an einer Modernisierung der Wirtschaftstheorie gearbeitet hatten – in Schweden, in Wien, in Amerika und auch in Cambridge außerhalb des Keynes-Zirkels. Am ehesten wäre eine machtvolle Replik jedoch aus London zu erwarten gewesen.

Das Duell Cambridge gegen London gehört zu den interessantesten und vielleicht folgenreichsten Episoden in der ökonomischen Dogmengeschichte. An der Themse hatte die *London School of Economics* (LSE) unter ihrem Leiter Harold Robbins begonnen, einen Kontrapunkt zu dem zunehmend kapitalismuskritischeren Keynes und seinen Schülern zu setzen. Die LSE lockte unter anderem den noch jungen, aber sehr talentierten liberalen Wiener Ökonomen Friedrich von Hayek nach London.

Hayek hatte mit seinem Werk *Preise und Produktion (Prices and Production)* Aufsehen erregt, in dem er das konjunkturpolitische Credo der Österreichischen Schule popularisierte. Demnach ist eine Marktwirtschaft an sich stabil, aber vor allem die Zentralbank für den Zyklus von Boom und Krise verantwortlich. Indem eine Zentralbank den Zins zu niedrig hält, verlockt sie zu Investitionen, von denen sich viele nicht als ertragbringend herausstellen werden. Die Produktionsstruktur der Wirtschaft stimmt nicht, weil auch in Branchen investiert wird, die keine großen Zukunftsaussichten mehr haben.

An den Boom schließt sich eine Reinigungskrise an, in der die Investitionen liquidiert werden, die nur wegen der zu niedrigen Zinsen zustande gekommen sind. Dieser Prozess ist nach Hayek zwingend, und Staatsinterventionen schaden eher, als dass sie nutzen. In diesem Geiste argumentieren noch heute die nicht sehr zahlreichen Anhänger der Österreichischen Schule, und auch im Jahre 2009 arbeiten sie sich immer noch an Keynes als ihrem bevorzugten Feindbild ab.

Keynes und Hayek waren Anfang der dreißiger Jahre aneinandergeraten, als Hayek *Vom Gelde* hart kritisiert hatte, worauf Keynes eine wütende Replik schrieb, in der er sich Hayeks *Preise und Produktion* vornahm und dort zu einem Resümee kam, das vor allem den sprachgewandten Polemiker Keynes kennzeichnete: „Es ist ein außerordentliches Beispiel dafür, wohin man gelangt, wenn man mit einem Fehler beginnt und als gnadenloser Logiker am Ende im Irrenhaus landet." Das las sich zwar auf den ersten Blick gut, aber inhaltlich hatte der Brite schlecht ausgesehen, weil ihm die österreichische Analysemethode offensichtlich nicht vertraut war. Daraufhin attackierte der theoriefestere Keynes-Adept Piero Sraffa das Buch von Hayek, und in der nachfolgenden Kontroverse ging der Österreicher nach verbreiteter Ansicht der damaligen Zeit unter. Jahrzehnte später urteilte Paul Samuelson, Hayek wäre damals in ein „Schwarzes Loch" gefallen, aber man hätte gerade deshalb erwarten können, dass Hayek eine Kritik der *Allgemeinen Theorie* nutzen würde, um seinen Ruf wieder zu etablieren. Doch der Österreicher schwieg, und später hat er sein damaliges Verhalten als schweren Fehler bezeichnet.

In der Folge wechselten mehrere sehr gute junge Studenten von der LSE nach Cambridge. Der Ökonom Ludwig Lachmann erinnerte sich, dass zu Beginn der dreißiger Jahre an der LSE „alle Hayekianer waren, es am Ende des Jahrzehnts aber nur noch zwei gab: Hayek und mich." Nach einer weitgehend ignorierten Arbeit über Kapitaltheorie Anfang der vierziger Jahre widmete sich Hayek überwiegend nicht mehr der Wirtschaftstheorie, sondern vor allem der Sozialphilosophie und der Verfassungslehre, und in beiden Bereichen hat er Hervorragendes geleistet.

Abseits aller Kontroversen verstanden sich Keynes und Hayek persönlich gut, was sich nicht zuletzt mit gemeinsamen Interessen wie dem Sammeln alter Bücher erklärt. Nachdem die LSE nach Ausbruch des Zweiten Weltkriegs auf Betreiben von Keynes wegen der Gefahr deutscher Bombenangriffe auf London eine vorübergehende Heimstatt in Cambridge fand, sahen sich die beiden Männer häufiger. Anfang der fünfziger Jahre schrieb Hayek über seinen verstorbenen Widersacher und Freund: „Was immer man von seiner Ökonomik halten mag, würde niemand, der ihn kannte, bestreiten, dass er einer der bedeutendsten Engländer seiner Generation war … Er verdankte seinen Erfolg im Wesentlichen einer seltenen Kombination aus Brillanz und Schnelligkeit des Geistes mit einer meisterhaften Beherrschung der englischen Sprache, in der nur wenige Zeitgenossen mit ihm wetteifern konnten."

Der Körper wehrt sich

Im Jahre 1937 musste Keynes seinem aufreibenden Lebensstil Tribut zollen. Schon seit Jahren hatte er an einer Herzinsuffizienz gelitten, die sich in Form von Kurzatmigkeit äußerte. Im Sommer 1937 brach er in Cambridge zusammen und musste mehrere Monate in einem Sanatorium in

Wales verbringen. Aber auch nach diesem Aufenthalt blieb Keynes körperlich so schwach, dass er zwei Jahre lang allenfalls sporadisch arbeiten konnte und die meiste Zeit ruhte. Ganz der Alte wurde er nie mehr, und von da an war er ein Toter auf Urlaub. Um sich abzulenken, pachtete er in der Nähe seines Landhauses einen größeren landwirtschaftlichen Betrieb, und nun widmete er sich voller Begeisterung unter anderem der Schweinezucht. Gegärtnert hatte er schon immer sehr gerne. Mehrere seiner Freunde aus Bloomsbury haben geschildert, dass ihr Maynard trotz seines beeindruckenden Intellekts und seiner philosophischen, künstlerischen und wissenschaftlichen Neigungen im Grunde seines Herzens ein einfacher Mann gewesen sei.

Im Anschluss an die Kritiken der *Allgemeinen Theorie* hatte Keynes Material für einen Ergänzungs- und Kommentarband zusammengestellt; noch später erwog er, das Buch umzuschreiben. Seine Krankheit hielt ihn von diesem Projekt ab, und später erlaubte der Krieg keine bedeutenden theoretischen Arbeiten mehr. Mit Sorge verfolgte Keynes die Zunahme der politischen Spannungen. Einen Eintritt Englands in den Spanischen Bürgerkrieg lehnte er zwar ab: „Es ist unsere Pflicht, den Frieden zu verlängern, Stunde um Stunde, Tag um Tag, so lange es irgend geht."

Aber er machte sich keine Illusionen über die Aggressivität des nationalsozialistischen Deutschland. Als der Zweite Weltkrieg ausbrach, begann er sofort, sich publizistisch für die seines Erachtens richtige Wirtschaftspolitik einzusetzen. Keynes dachte angesichts seines fragilen Gesundheitszustands nicht daran, noch einmal wie im Ersten Weltkrieg in die Regierung einzutreten. Hierfür betrachtete er die Generation seiner Schüler als geeigneter. Stattdessen wollte er an die Universität Cambridge zurückkehren, um dort im Rahmen seiner gesundheitlichen Möglichkeiten einen Beitrag zur Aufrechterhaltung des Lehrbetriebs zu leisten. Doch es sollte anders kommen.

Keynes im Krieg

Nach Kriegsausbruch bündelte Keynes seine Ansichten zur Wirtschaftspolitik in einer seinerzeit höchst einflussreichen Schrift mit dem Titel *Wie lässt sich der Krieg finanzieren? (How to Pay for the War)*. Sie komplettierte seine Vorstellungen, denn in Ergänzung zur *Allgemeinen Theorie,* die Situationen mangelnder gesamtwirtschaftlicher Nachfrage behandelte, setzte er sich nun mit einer Situation einer gesamtwirtschaftlichen Übernachfrage auseinander. Eine zu große, die Inflation treibende Nachfrage nach zivilen Produkten würde entstehen, weil ein Teil der industriellen Kapazitäten Großbritanniens auf die Rüstungsproduktion umgestellt werden musste. Ein bekanntes Mittel, zu dem unter anderem die Amerikaner griffen, war die Verhinderung der Inflation durch staatliche Preiskontrollen.

Der Liberale Keynes lehnte solche weitreichenden Eingriffe in den Marktprozess jedoch entschieden ab, aber auch er wollte Inflation vermeiden. Stattdessen trat er, von namhaften Ökonomen wie Hayek unterstützt, dafür ein, die private Konsumnachfrage zu dämpfen, indem die Menschen zu mehr Ersparnissen verleitet wurden, die der Staat zur Finanzierung der Rüstungsproduktion ohnehin benötigte. Zu diesen Maßnahmen gehörten die Förderung der Vermögensbildung der Arbeiter sowie eine Kapitalbesteuerung. Um die Wirtschaft gleichzeitig in Schwung zu halten, sollte das Zinsniveau niedrig gehalten werden. Dieser „Kriegskeynesianismus" funktionierte so gut, dass er auch bei bisherigen Gegnern zum Ansehen der Lehre seines Schöpfers erheblich beitrug.

Im Jahre 1941 holte ihn die konservative Regierung dann doch als Berater ins Finanzministerium. Allerdings bekam Keynes keine Position innerhalb der Hierarchie, sondern er blieb der unbezahlte Privatmann Mr. Keynes, der zunächst keinerlei formale Funktionen wahrnahm, sondern als privater Ratgeber diente. Angesichts seines hohen Prestiges und seiner Erfahrung aus dem Ersten Weltkrieg in internationalen Finanzthemen erhielt er einen überragenden Einfluss. So entsandte ihn die Regierung mehrfach zu Verhandlungen in die Vereinigten Staaten, denn es wurde schnell klar, dass Großbritannien ohne finanzielle Unterstützung der Amerikaner nicht auskommen würde. In der Heimat wurde derweil mit dem Jahr 1941 der Staatshaushalt erstmals nach den Maßgaben gesamtwirtschaftlicher Analysen aufgestellt, und damit war die Ökonomik von Keynes zur Grundlage der offiziellen Politik Großbritanniens geworden.

Der Siegeszug des „Keynesianismus" in den Regierungs-
zentralen hatte zeitgleich mit einer zunehmenden Akzep-
tanz seiner Lehre begonnen. Im Jahre 1942 wurde Keynes
auf Vorschlag Winston Churchills als „Lord Keynes of Tilton" geadelt, worauf er im Oberhaus einen Platz unter den
Anhängern der Liberalen Partei einnahm. „Nun hast Du
der Familiengeschichte die Krone aufgesetzt", schrieb ihm
seine Mutter begeistert. Außerdem erhielt er einen Sitz im
Verwaltungsrat der von ihm über Jahrzehnte hart kritisier-
ten Bank of England.

In den Verhandlungen in Washington war Keynes mit
unangenehmen Aufgaben betraut, denn die Briten erschienen mehr oder weniger als Bittsteller, und die britisch-
amerikanischen Beziehungen waren wegen schwerer wirtschaftspolitischer Spannungen in der Vorkriegszeit sowie
angesichts der Forderung der Amerikaner nach einer Auf-
lösung des britischen Kolonialreiches vorbelastet. Zudem
kannten viele Amerikaner Keynes' mit britischer Hochnä-
sigkeit vorgetragene Geringschätzung der amerikanischen
Zivilisation; hinzu kamen nicht zuletzt in der Wall Street
erhebliche Vorbehalte gegenüber der *Allgemeinen Theorie.*

Außerdem war Keynes, der sein Herz auf der Zunge trug
und leicht vor Wut explodieren konnte, nicht der geborene
Diplomat, aber dank seiner anerkannten Sachkenntnis und
der Wirkung seiner außerordentlichen Persönlichkeit, der
sich kaum ein Gegner entziehen konnte, erledigte er seine
Arbeit insgesamt sehr erfolgreich. Die Briten erhielten von

den Amerikanern, was sie benötigten, und dies zu erträglichen Bedingungen. Dabei spielte natürlich auch das Interesse der Amerikaner an einem Sieg Großbritanniens eine wesentliche Rolle, und die endgültige Regelung der aus dem Krieg entstandenen britischen Verbindlichkeiten war ohnehin erst für die Zeit nach einem Friedensschluss vorgesehen. „Möge ich nie in die Verlegenheit kommen, mit so wenig in der Hand, wie ich jetzt habe, irgendjemand überreden zu müssen, nach meinem Willen zu tun", klagte er einmal, denn nicht alle Briten waren mit den Ergebnissen seiner Verhandlungen einverstanden.

Die Ordnung der Nachkriegszeit

Seit Anfang der vierziger Jahre beschäftigte sich Keynes mit der Entwicklung einer wirtschaftlichen Nachkriegsordnung, die Voraussetzungen für eine gedeihliche Entwicklung schaffen sollte. Auch wenn die *Allgemeine Theorie* eine Binnenwirtschaft analysiert hatte, wusste Keynes um die Bedeutung einer internationalen Ordnung für Frieden und wirtschaftlichen Wohlstand. Seine Vorschläge für eine Währungsordnung traten in Konkurrenz zu amerikanischen Vorstellungen, und auch wenn die Nachkriegsordnung mehr durch die amerikanischen als durch die britischen Ideen geprägt war, bleibt Keynes' Beitrag erheblich. Auf der Konferenz in Bretton Woods im Jahre 1944, auf der Delegierte aus 44 Ländern über die künftige Weltfinanzarchitektur berieten, leitete Keynes einen wichtigen

Ausschuss. Er nahm auch an den Eröffnungsfeierlichkeiten für den Internationalen Währungsfonds und die Weltbank im März 1946 in den Vereinigten Staaten teil. Es war sein letzter internationaler Auftritt.

Das Ende

Keynes' unermüdlicher Einsatz im Krieg, die vielen anstrengenden Reisen und die oft kontroversen Verhandlungen hatten seine ohnehin schwer angeschlagene Gesundheit im Dienste seines Landes gänzlich ruiniert. Während des Krieges hatten sich mehrere Herzanfälle eingestellt, doch erholte er sich, von seiner Frau Lydia hingebungsvoll betreut, immer wieder. Nun aber war die Uhr unwiderruflich abgelaufen, und es scheint, als habe Keynes dies gespürt. In seinen letzten Monaten unterstrich er bei mehreren Gelegenheiten noch einmal sein liberales Credo, das sich gegen übertriebenen Staatseinfluss wendete. Er betonte, dass man grundsätzlich Adam Smith, dem liberalen Vater der Lehre von der Marktwirtschaft, vertrauen solle: „Ich finde mich nicht zum ersten Mal veranlasst, zeitgenössische Ökonomen daran zu erinnern, dass die klassische Lehre einige dauerhafte Wahrheiten von großer Bedeutung enthielt ... In diesen Angelegenheiten sind tiefe Unterströmungen am Werk, man kann sie natürliche Kräfte oder sogar die unsichtbare Hand nennen, die in Richtung eines Gleichgewichts arbeiten." In diesem Sinne sah er den Einsatz seiner eigenen Konzepte nicht als

Gegensatz zu Smith, sondern eher als notwendige Ergänzung. An die Adresse übereifriger Jünger richtete sich seine Klage über „modernistisches Zeug, das in die falsche Richtung ging und sauer und dumm wurde."

Nach außen trug er sein Schicksal scheinbar leicht. Auf die Frage, ob er sein Leben anders leben würde, wenn er dazu die Gelegenheit besäße, antwortete er lächelnd: „Ich würde mehr Champagner trinken."

Am Vormittag des 21. April 1946, dem Ostersonntag, erlitt John Maynard Keynes in Anwesenheit Lydias in Tilton seinen letzten Herzanfall. Er war 62 Jahre alt. Entgegen seinem ausdrücklichen testamentarischen Willen wurde seine Asche nicht in *King's Chapel,* der berühmten Kapelle seines geliebten Colleges aufbewahrt, sondern von seinem Bruder Geoffrey aus unerfindlichen Gründen in der Hügellandschaft nahe Tilton verstreut. Aus den zahlreichen Nachrufen im In- und Ausland wurde deutlich, dass nicht nur ein höchst bedeutender Ökonom verstorben war, sondern ein außergewöhnlicher Mann, der in seiner Zeit kaum seinesgleichen hatte.

John Maynard Keynes hinterließ ein Vermögen von umgerechnet rund 22 Millionen Euro, das im Wesentlichen das Ergebnis seiner in späten Jahren glücklichen Hand in der Kapitalanlage war (Kapitel I, 4). Da er keine Kinder besaß, ging nur ein kleiner Teil seines Vermögens an Verwandte; der weitaus größere Teil wurde in einem Trust von Richard

Kahn vorübergehend verwaltet. Lydia besaß einen Anspruch auf einen Teil der Erträge aus diesem Kapital, die ihr ein materiell sorgenfreies Leben ermöglichten. Nach ihrem Tode im Jahre 1981 – ihre Asche wurde an derselben Stelle verstreut wie Jahrzehnte zuvor die Asche ihres Gatten – erhielt entsprechend den Wünschen des Erblassers *King's College* das Kapital, das dort unter anderem für die Errichtung moderner Gebäude Verwendung fand. Das College bekam ebenfalls seine bedeutenden Bücher- und Gemäldesammlungen sowie seine hinterlassenen Papiere.

Nun oblag es seinen Schülern, das Werk des Meisters fortzusetzen.

2 PHILOSOPHIE, KUNST UND BLOOMSBURY

„Das wirtschaftliche Problem ist nicht – wenn wir in die Zukunft schauen –
das permanente Problem der menschlichen Rasse."

John Maynard Keynes

Moores Philosophie

John Maynard Keynes wuchs in einem Elternhaus auf, in dem Gespräche über Philosophie und Moralwissenschaften an der Tagesordnung waren. Während seiner Studentenzeit lehrten in Cambridge vier Philosophen, und seine Doktorarbeit schrieb er über ein philosophisches Thema, das sich mit Fragen der Logik befasste. „Die Philosophie lieferte die Grundlage von Keynes' Leben", schrieb Skidelsky. „Sie kam vor der Ökonomik; und die Philosophie der Ziele kam vor der Philosophie der Mittel." Die moderne Ökonomik hat ihre Verbindungen zur Philosophie weitgehend abgeschnitten, doch sind die ökonomischen Ansichten von Keynes ohne seine philosophischen Neigungen sowie seine engen Freundschaften zu Künstlern nicht vollständig erklärbar. Daher lohnt es sich, auf dieses lange Kapitel seines Lebens einen Blick zu werfen.

Als junger Student erhielt Keynes im Jahre 1903 in Cambridge die Einladung, Mitglied der *Cambridge Conversazione Society,* oder kurz, der „Apostel", zu werden. Es handelte sich um einen im Jahre 1820 gegründeten elitären Klub, in dem sich junge männliche Studenten untereinander und mit ehemaligen Studenten begegneten. Die Mitgliedschaft war exklusiv und geheim. Die Apostel trafen sich einmal in der Woche abends; dann las ein Mitglied ein selbst verfasstes Papier vor, über das die Runde anschließend diskutierte. Ziel des Klubs war „die Erkundung der Wahrheit mit absoluter Hingabe und ohne Zurückhaltung in einer Gruppe intimer Freunde". Skidelsky schilderte die Apostel als „clever, philosophisch, respektlos und weltfremd", die sich vor allem mit Philosophie und Ästhetik befassten. Keynes referierte dort unter anderem über „Tugend und Glück", „Eine Theorie der Schönheit", „Sollen wir Melodramen schreiben?" und „Die gegenwärtige Rolle der Metaphysik in der Gesellschaft".

Die Apostel betrachteten sich als eine geistige Elite und den Rest der Welt als inferior. „Ist es Monomanie – diese kolossale moralische Überlegenheit, die wir fühlen?", schrieb Keynes einem Freund aus dem Klub. Keynes besaß zu viele handfeste Interessen, um sich, wie manche seiner Kollegen, in eine Weltfremdheit zu flüchten. Aber aus dem Kreis der Apostel entstanden Freundschaften, die ein Leben lang hielten – ebenso wie die Bekanntschaft mit den Lehren des Philosophen Gordon E. Moore, die Keynes lang prägen sollten.

Der Generation von Keynes' Eltern war die Religiosität abhandengekommen, aber noch die Generation ihrer Kinder verspürte daraus eine Leere. Wonach sie verlangten, war eine Art Ersatzreligion, die ihnen Orientierungen für ihr Leben gab. Was Keynes aus dem Werk von Moore mitnahm, beschrieb er 35 Jahre später: „Nichts hatte Bedeutung außer Bewusstseinszuständen, unseren eigenen und natürlich auch denen anderer – aber vorzugsweise unseren eigenen … Grob gesprochen wussten wir ja alle genau, was gute Bewusstseinszustände waren, und wir wussten, dass sie in der Anteilnahme an Gegenständen der Liebe, Schönheit und Wahrheit bestanden … Diese Bewusstseinszustände standen in keinerlei Beziehung zu Handlungen, Leistungen oder Folgen … Unsere Religion folgte sehr eng der englischen puritanischen Tradition, insofern, sie sich hauptsächlich mit der Rettung unserer Seelen befasste … Vielleicht war es hinreichend, dass unsere Religion keinerlei weltliche Züge besaß – mit Reichtum, Macht, Popularität oder Erfolg gab sie sich nicht im geringsten ab, im Gegenteil, all dies wurde gründlich verachtet … So wurden wir erzogen – mit Platons Konzentration auf das Gute an sich, mit einer scholastischen Subtilität, die Thomas von Aquin übertrumpfte, in calvinistischer Zurückgezogenheit von den Freuden und Erfolgen des Jahrmarkts der Eitelkeiten und gedrückt von allen Leiden Werthers. Es hinderte uns nicht daran, die meiste Zeit zu lachen, und wir genossen eine unüberbietbare Selbstsicherheit, ein Gefühl der Überlegenheit und der Verachtung für den ganzen Rest der unbekehrten Welt. Aber es war dies kaum ein Bewusstseinszustand, den ein erwachsener Mensch wirklich bei Sinnen aufrechterhalten konnte."

Aus jenen Jahren nahm Keynes mit, dass wirtschaftliche Bedürfnisbefriedigung nicht alles ist. Außerdem wandte er sich – und das nimmt seine spätere Kapitalismuskritik voraus – gegen die Prinzipien des wesentlich von Jeremy Bentham geprägten Utilitarismus, wonach die individuelle Nutzenmaximierung auch für das Gemeinwesen nützlich ist. „Mit dem Prinzip des Nutzens ist das Prinzip gemeint, das jede beliebige Handlung gutheißt oder missbilligt entsprechend ihrer Tendenz, das Glück derjenigen Partei zu erhöhen oder zu vermindern, um deren Interessen es geht", hatte Bentham geschrieben. In einer Welt, die nur noch durch materielle Antriebe gesteuert würde, ließ sich daraus nach Auffassung von Keynes und seinen Freunden eine Bereicherungsideologie zu Lasten anderer Menschen ableiten.

Dementsprechend folgerte Keynes noch im Jahre 1938: „Da soziales Handeln als Zweck an sich und nicht nur als trübsinnige Pflicht aus unserem Ideal herausgefallen war – und nicht nur soziales Handeln, sondern das tätige Leben überhaupt; das ökonomische Motiv und der ökonomische Maßstab spielten in unserer Philosophie eine noch geringere Rolle als für den Heiligen Franziskus (der zumindest für die Vögel Kollekten durchführte) –, da dem so war, zählten wir zu den ersten unserer Generation, den einzigen vielleicht, die der Benthamistischen Tradition entrannen. Ich sehe in ihr jetzt den Wurm, der an den Eingeweiden der modernen Zivilisation nagte und der verantwortlich ist für ihren gegenwärtigen Niedergang. Wir pflegten immer die Christen als den Feind zu betrachten, weil sie als die Repräsentanten von Tradition, Konvention und Hokuspokus erschienen. In Wahrheit war es das Benthamistische Kalkül, welches auf der Überschätzung des ökonomischen Faktors beruhte, das die Qualität des populären Ideals zerstörte."

Doch alle Brücken zur Vergangenheit hatten er und seine Freunde nicht abgebrochen: „Eine andere Ketzerei des 18. Jahrhunderts beerbten wir reuelos als ihre letzten Apostel. Wir zählten zu den letzten Utopisten – oder Melioristen, wie man sie manchmal nennt –, die an einen fortwährenden moralischen Fortschritt glauben, kraft dessen das Menschengeschlecht bereits jetzt aus verlässlichen, rationalen, anständigen Leuten besteht, geleitet von der Wahrheit und von objektiven Maßstäben, Leuten, die man ohne Risiko aus den äußeren Zwängen der Konventionen und traditionellen Vorschriften und unveränderlichen Verhaltensregeln entlassen kann ..." Das war, wie Keynes später erkannte, eine ungebührlich optimistische Annahme.

Bloomsbury

Die Apostel bildeten eine wichtige Erfahrung des jungen Keynes, fast noch nachhaltiger wurde jedoch seine Prägung durch Bloomsbury, über das sich längst Legenden gebildet haben. „Bloomsbury" kennzeichnet eine Gruppe von Freunden, die überwiegend in dem gleichnamigen Londoner Stadtteil lebten und sich über Jahrzehnte trafen. Die Gruppe bestand aus Künstlern, Schriftstellern, Kritikern und – mit Keynes – einem Ökonomen. Eine ganze Reihe dieser *Bloomsberries („Bloomsbeeren"), wie* sich selbst nannten, machte sich in ihrem jeweiligen Berufsfeld einen Namen, sie galten als abgehoben, einige auch als etwas weltfremd, und neben Anerkennung erfuhren sie zu ihrer Zeit überwiegend Kritik, weil sie sich dem Zeitgeschmack versagten und herrschende Konventionen attackierten. Viele Kritiker haben ihnen unterstellt, zwar getrennt geschlagen, aber über eine verbindende Agenda verfügt zu haben, die sie letztlich gemeinsam und in einem gesellschaftskritischen Sinne handeln ließ.

Diese Wahrnehmung wurde von keinem Mitglied der Gruppe bestätigt, aber von mehreren entschieden zurückgewiesen. „Es hat oft Gruppen von Menschen gegeben, Schriftsteller und Künstler, die nicht nur Freunde, sondern bewusst in einer künstlerischen oder sozialen Doktrin oder Zielsetzung verbunden waren", erläuterte im Nachhinein der Schriftsteller und Historiker Leonard Woolf. „Unsere Gruppe war ziemlich anders. Ihre Grundlage war Freundschaft, die in einigen Fällen zu Liebe und Heirat führte. Aber wir besaßen keine gemeinsame Theorie, System oder Grundsätze, zu denen wir die Welt bekehren wollten. Wir waren keine Bekehrten, Missionare, Kreuzfahrer oder auch nur Propagandisten."

Bloomsbury entstand vor dem Ersten Weltkrieg durch Treffen von zuvor in Cambridge ansässigen ehemaligen Studenten – meist „Apostel" wie Keynes – mit den in Bloomsbury wohnenden Kindern, zwei Söhnen und zwei

Töchtern, des verstorbenen englischen Autors und Kritikers Sir Leslie Stephen. Zum wichtigsten Begegnungszentrum wurde ein Mehrfamilienhaus am Gordon Square, in dem anfangs die erwachsenen Stephen-Kinder lebten, in das später aber andere Mitglieder der Gruppe, darunter auch John Maynard Keynes, einzogen. Später besaßen mehrere Mitglieder der Gruppe Landhäuser im Süden von London. Bloomsbury bildete für Keynes zumindest bis zu seiner Bekanntschaft und Heirat mit Lydia Lopokova eine emotionale Heimat.

Bloomsbury war kein Klub mit fester Mitgliedschaft, und insofern gehen die Schilderungen auseinander, wer alles dazugehörte. Weitgehend Einigkeit besteht darüber, dass der Kern aus rund einem Dutzend Personen gebildet wurde, zu denen unter anderem der Schriftsteller und Kritiker Lytton Strachey, John Maynard Keynes, der Kunstkritiker Clive und die Malerin Vanessa Bell (geborene Stephen), der Schriftsteller und Historiker Leonard und die Schriftstellerin Virgina Woolf (geborene Stephen), der Maler Duncan Grant, der Schriftsteller E.M. Forster sowie der Maler, Kunsthistoriker und -kritiker Roger Fry gehörten. Nach dem Ersten Weltkrieg gründeten die *Bloomsberries* unter anderem den *Memoir Club,* in dem sie sich gegenseitig Erinnerungen vorlasen. Aber sie trafen sich auch außerhalb des Klubs, und im Laufe der Zeit kamen jüngere Mitglieder hinzu. Der *Memoir Club* traf zum letzten Mal im Jahre 1956, zehn Jahre nach Keynes' Tod, zusammen.

Manche Kommentatoren haben die Frage gestellt, wie der Ökonom Keynes in einen solchen Freundeskreis passte. Er passte offenbar sehr gut hinein, denn Keynes' nachfolgende Beschreibung des Künstlers könnte ebenso für den Ökonomen Keynes gelten: „Die Arbeit des Künstlers in allen ihren Facetten ist nach ihrer Natur individuell und frei, undiszipliniert, unreglementiert, unkontrolliert. Der Künstler geht, wohin ihn der Atem des Geistes bläst. Man kann ihm seine Richtung nicht vorgeben; er kennt sie selbst nicht."

Auch in Bloomsbury spielten die Gedanken Moores vor allem vor dem Ersten Weltkrieg eine Rolle, wonach streng zwischen Mitteln und Zwecken unterschieden werden müsse, und das „Gute" ein Zweck sei, der sich mit angenehmen Bewusstseinszuständen verband. Traditionelle Tugenden waren nur insofern von Bedeutung, als sie zu angenehmen Bewusstseinszuständen beitrugen, und wenn sie dies nicht taten, waren sie obsolet. Das hörten vor allem jene *Bloomsberries* gerne, die in ihrer Kindheit und Jugend unter den moralischen Ketten des Viktorianismus gelitten hatten, und rechtfertigte ein unmoralisches Leben, wie Keynes es selbst bezeichnete.

Dazu zählte er neben dem Infragestellen aller Konventionen fraglos die damals strafbare Homosexualität sowie die lockeren Sitten innerhalb der Gruppe, in der es außer tugendhaften Eheschließungen eine ganze Reihe vorübergehender Beziehungen homo- und heterosexueller Natur gegeben hatte. Im Nachhinein erstaunt, dass die damit verbundenen Spannungen die Gruppe nicht auseinandergerissen haben. Überhaupt darf man aus der Bezeichnung „Freunde" nicht schließen, dass sich alle Mitglieder der Gruppe persönlich gleich nahegestanden hätten. In Bloomsbury existierten auch Zwist und Eifersucht, Meinungsverschiedenheiten und Phasen langen Schweigens. Keynes stand wohl vor allem den Malern Duncan Grant (mit dem er in jungen Jahren eine Liebesbeziehung unterhalten hatte, die wiederum die Freundschaft Keynes' zu seinem früheren Liebhaber Strachey belastete, dem er Grant ausgespannt hatte) und Vanessa Bell sowie der Schriftstellerin Virginia Woolf nahe. Moderne Forscher meinen, stilistische Parallelen zwischen Virginia Woolf und John Maynard Keynes entdeckt zu haben.

Der Kunsthistoriker Fry war kein Anhänger von Moore, doch konzipierte er eine Vision, die Keynes für sich übernahm. Für Fry bestand das Leben aus zwei Teilen: dem aktuellen Leben und dem phantasievollen Leben. Das aktuelle Leben beinhaltet menschliche Bedürfnisse wie Essen, Trinken, Fortpflanzung und die Sicherung des Lebensunterhalts. Das phantasievolle Leben unterscheidet den Menschen von anderen Organismen und wird von Fry als die höhere, wenn auch nicht zwingend moralischere Form des Lebens bezeichnet. In ihr widmen sich die Menschen der Kunst, der Literatur und der Wissenschaft um ihrer selbst willen, aber nicht aus materiellen Gründen. Zivilisation besteht für Fry aus einem angenehmen aktuellen Leben, dem Verzicht auf rivalisierende Gefühle sowie in einer Hinwendung zum phantasievollen Leben. In Frys Gedankenwelt hält sich der Staat aus beiden Lebenssphären so weit wie möglich heraus.

Die enge Freundschaft mit den Mitgliedern von Bloomsbury bildete für rund vier Jahrzehnte eine Konstante in Keynes' Leben, die auch sein Denken in ökonomischen Fragen beeinflusste. Als Keynes kurz vor und im Ersten Weltkrieg die Bekanntschaft einflussreicher Politiker machte, waren seine Freunde verunsichert, ob er einer der ihren bleiben würde.

„Einige von uns schüttelten ihre Köpfe, nicht wegen der neuen Interessen, sondern wegen der neuen Freunde", erinnerte sich später Clive Bell. „Würden sie ihn nicht dazu veranlassen, von uns als falsch angenommene Werte höher zu schätzen? Würde er nicht bald Mittel (Macht, Ehre, Konventionen, Geld) höher schätzen als Ziele – zum Beispiel eine gute Gemütsverfassung?" Die Bedenken waren nicht gerechtfertigt.

Keynes blieb zwar nicht unbeeindruckt vom Eintritt in die Welt der Mächtigen; vereinnahmen ließ er sich allerdings nicht, wie wiederum Bell konzedierte: „Maynard schwamm glücklich auf einem Meer aus Macht und Ruhm und beachtlichem Wohlstand, aber er ließ sich nie von den Gezeiten mitreißen. Zwei feste Anker hielten ihn nahe an der Küste: Seine Freunde und Cambridge. Regierungsmitglieder oder *The Times* mochten ihn loben, aber wenn er den unangenehmen Verdacht besaß, dass Lytton Strachey, Duncan Grant, Virginia Woolf und Vanessa Bell deren Enthusiasmus nicht teilten, mochte ihm die öffentliche Schmeichelei als etwas erscheinen, dessen man sich schämen musste."

Als in den frühen vierziger Jahren die Erhebung von Keynes in den Adelsstand angekündigt wurde und der neue Lord bald darauf in Anwesenheit seiner Frau die alten Freunde traf, äußerte er sich verlegen: „Wir sind gekommen, um ausgelacht zu werden." Wie weit seine innere Verbundenheit reichte, belegt ein ziemlich pathetischer Satz während eines Abendessens: „Wenn alle Teilnehmer dieser Runde außer mir heute Nacht sterben würden, glaube ich nicht, dass ich weiter leben könnte."

Mehrere *Bloomsberries* haben Keynes als einen anhänglichen Mann mit einem weichen Herzen geschildert, den sie wegen seines Scharfsinns und seines flinken Intellekts schätzten, wegen seiner Neigung zur Selbstüberschätzung gelegentlich auslachten oder ihm dafür ihre Missbilligung mitteilten, und an dem sie noch am ehesten störte, dass er beharrlich auch über Kunstthemen redete, obgleich er von ihnen wenig verstand. „Der Fehler mit Pozzo – (ein Spitzname für Keynes, den dieser gar nicht mochte) – ist, dass er keinen ästhetischen Sinn besitzt", klagte einmal Lytton Strachey. Allerdings taten sich die *Bloomsberries* schwer, Lydia Lopokova zu akzeptieren. „Heirate sie nicht", warnte Virginia Woolf. „Eine Flucht nach Indien kann Dich retten. Wie charmant sie auch ist, sie wäre eine sehr teure Ehefrau und würde auch aufhören zu tanzen. Alles in allem eignet sie sich eher als Geliebte." Der Bräutigam schlug den Rat aus. Dafür wurde Lydia erst zehn Jahre nach ihrer Hochzeit in den *Memoir Club* aufgenommen.

Der Bücher- und Gemäldesammler

John Maynard Keynes war ein bedeutender Sammler von Büchern und Malerei, und er hat sich in seinem Leben auf vielfältige Weise, ideell und als Manager wie als Mäzen, für die Kunst engagiert. Beeindruckend war seine Kollektion von Büchern und Handschriften, die ihn nach Einschätzung von Kennern zu einem der bedeutendsten englischen Sammler seiner Generation machten. Der Erwerb von Büchern hatte schon in seiner Jugend begonnen, aber systematisch ging Keynes erst als ein mit den notwendigen finanziellen Mitteln ausgestatteter Mann vor. Ein Schwerpunkt seiner Sammlung bildeten Werke von Autoren, die zur Geistesgeschichte der Menschheit beigetragen hatten, ergänzt um Übersetzungen und um Werke wenig bekannter Autoren, die gleichwohl einen Einfluss auf die großen Denker ausgeübt hatten.

Die Bücher und Handschriften erwarb Keynes überwiegend von Händlern in Cambridge, gelegentlich auch auf Auktionen in London. Er baute umfangreiche Bestände von Autoren wie Locke, Hume, Hobbes, Bentham, Rousseau, Montesquieu, Kant, Kepler und vielen anderen auf. Von Newton besaß er nicht nur Bücher, sondern auch 150 Manuskripte. Als er seine Sammlung der Geistesgeschichte für nahezu komplett hielt, stürzte er sich auf die englische Literatur des 16. und 17. Jahrhunderts. Vor allem in seinen letzten Jahren, als er krankheitsbedingt viel ruhen musste, fand Keynes Zeit für die Beschäftigung mit seiner Bibliothek, die nach seinem Tode in den Besitz von *King's College* gelangte.

Keynes' Gemäldesammlung war weniger systematisch angelegt, aber geschmackvoll, obwohl er von Malerei nie viel verstand. Er war so klug, sich von zwei kundigen Freunden aus Bloomsbury, Vanessa Bell und Duncan Grant, beraten zu lassen, die ihm auch seine Räume in *King's College* ausmalten. Keynes sammelte vor allem moderne französische und britische Malerei, und er besaß unter anderem Werke von Cézanne, Picasso, Braque, Matisse und Renoir. Außerdem kaufte er weniger bekannten englischen Freunden und Bekannten Werke ab, dies aber wohl hauptsächlich, um sie finanziell zu unterstützen. Keynes engagierte sich seit Mitte der zwanziger Jahre zudem in einer Art Genossenschaft von Künstlern, die über eine gemeinsame Vermarktung ihrer Produkte einen größeren Bekanntheitsgrad und regelmäßigere Einkünfte anstrebten.

Ein Theater für Cambridge

Seine größte Leistung als Kunstförderer war die Gründung und der Betrieb des *Cambridge Arts Theatre,* in das er uneigennützig viel Geld investierte. Die alte Universitätsstadt besaß in den früheren dreißiger Jahren zehn Kinos, aber kein Theater und keine Oper. Keynes sicherte sich im Jahre 1934 von der Kommune in der Innenstadt eine Fläche für 99 Jahre in Erbpacht und begann mit Freunden die Planung eines Theaterbaus. Dazu gründeten sie eine Aktiengesellschaft mit anfänglich 15.000 Pfund, die zur Hälfte über Stamm- und über Vorzugsaktien aufgebracht wurden. Keynes zeichnete alle Stammaktien und, als die Bürger von Cambridge kein großes Interesse an dem Projekt zeigten, auch noch den größten Teil der Vorzugsaktien.

Als die Baukosten, wie in solchen Fällen üblich, die Planung überstiegen, finanzierte Keynes eine Kapitalerhöhung über 2.500 Pfund und er stellte dem Betrieb überdies einen Kredit zur Verfügung. Die Idee war, das Gebäude die Hälfte des Jahres für Auftritte von Künstlern zu nutzen und die andere Hälfte des Jahres als Kino. Er kümmerte sich auch noch um Einzelheiten des Projektes bis zur Speisekarte des Restaurants, wo er darauf drang, Wein besonders günstig anzubieten, damit die Gäste nicht so viel Hochprozentiges konsumierten.

Keynes ging es nicht darum, ein kommerzielles Unternehmen zu betreiben, sondern er hatte von Beginn an beabsichtigt, das Theater der Stadt zu schenken. Im Jahre 1938 wurde die Aktiengesellschaft daher in eine gemeinnützige Stiftung verwandelt. Das Geschenk sei „in einem gewissen Sinne eine Erinnerungsstätte für seine Eltern, die der Universität und der Stadt für mehr als ein halbes Jahrhundert gedient hätten", erklärte Keynes. Als sehr vermögender Mann konnte er sich ein Theater als Geschenk leisten, und die Übertragung auf eine Stiftung sparte Steuern, doch ein feiner Zug blieb es trotzdem. Aber auch danach mischte sich Keynes als Vorsitzender des Kuratoriums der Stiftung so sehr in den laufenden Theaterbetrieb ein, dass der Manager einen Nervenzusammenbruch erlitt und auf eine Erholungsreise geschickt werden musste, die der berühmte Ökonom großzügig bezahlte.

Kunstförderung

Im Jahre 1942 übernahm Keynes, trotz schwacher Gesundheit und harter Beanspruchung im Finanzministerium, die Leitung des *Council for the Encouragement of Music and the Arts,* des Rats für die Förderung der Musik und der Künste, kurz C.E.M.A. Diese anfangs privat, später vom Staat finanzierte Organisation war ursprünglich dafür gedacht, während der harten Kriegsjahre durch Veranstaltungen die Menschen nicht zu sehr von der Kunst zu entfremden. Keynes war ein geschätzter, aber auch sehr kontroverser Vorsitzender. Einerseits organisierte er wegen seiner guten Verbindungen zusätzliche Gelder, andererseits konzentrierte er die Vergabe der Gelder stark auf London und weniger auf den Rest des Landes. Außerdem vergaß er nicht persönliche Neigungen – so ließ er während des Krieges ein im fernen Südamerika festsitzendes

Ballett nach London anreisen, deren Aufführungen aber nicht gut ankamen.

Außerdem störte er sich an der Neigung des C.E.M.A., viel Geld zur Unterstützung von Amateurvorführungen bereitzustellen; stattdessen wollte er künstlerische Qualität fördern. „Wir verstehen den Kunstrat nicht als Schulmeister", sagte er in einer Radiosendung. „Ihr Vergnügen ist unser erstes Ziel." Das bedeutete unter anderem, kommerzielle Kunstbetriebe mit Staatsgeldern gegen Verluste aus ihren laufenden Projekten abzusichern, und so etwas konnte auch schiefgehen. Solche Verluste nahm Keynes mit leichter Hand in Kauf. Eine Einheit, die Subventionen vergäbe, könne nur dann zu 100 Prozent erfolgreich sein, wenn sie überhaupt kein Geld ausgäbe, und dann blieben immer noch die Verwaltungskosten, erläuterte er einmal einer Mitarbeiterin.

Sein Kunstverständnis blieb ein elitäres, und so betrachtete er die Wiedereröffnung des *Royal Opera House* am Londoner Covent Garden als einen Höhepunkt seiner Arbeit. Keynes hatte sich in dieses Projekt – das Gebäude war in den Vorjahren als Tanzsaal genutzt worden und heruntergekommen – selbst sehr stark eingebracht und wie üblich um viele Details gekümmert. Am Eröffnungsabend saßen Keynes und seine Frau in einer Loge, das Königspaar in einer anderen Loge und die Veranstaltung endete als „nationaler Triumph", wie Keynes' Mitarbeiterin Mary Glasgow berichtet hat.

Der Künstler als Ökonom

Welche Konsequenzen besaßen, zusammengefasst, Moore, die Apostel und Bloomsbury für das ökonomische Denken von Keynes?

1. Das Endziel des Wirtschaftens ist nicht die individuelle Nutzenmaximierung, wie sie Bentham predigte, sondern das Erreichen eines Zustands, in dem die materiellen Bedürfnisse der Menschen überwiegend gedeckt sind. Wie Wirtschaft in diesem Zustand organisiert sein würde, ließ sich zwar nicht vorhersagen, „aber die Bloomsburys hofften in der Regel, dass so viel wie möglich eher von der Privatwirtschaft als vom Staat bereitgestellt würde" (Goodwin 2006). In einer Welt, in der die Menschen nicht mehr im täglichen Kampf um die Daseinsvorsorge stehen würden, erhielten sie die Möglichkeit, sich anderen Interessen zuzuwenden, wie sie Keynes in seinem Aufsatz *Wirtschaftliche Möglichkeiten für unsere Enkelkinder (Economic Possibilities of our Grandchildren)* beschrieb. Nun war er nicht so naiv zu glauben, dass sich dann alle Menschen übergangslos in Ästheten oder Philosophenkönige verwandeln würden: „Wird dies eine Wohltat sein? Wenn man überhaupt an die wirklichen Werte des Lebens glaubt, so eröffnet sich zumindest die Aussicht auf die Möglichkeiten einer Wohltat. Dennoch denke ich mit Schrecken an die Umstellung der Gewohnheiten und Triebe des gewöhnlichen Menschen, die ihm seit ungezählten Generationen gezüchtet sind und die er nun in wenigen Jahrzehnten von sich abwerfen soll."

Mit Blick auf diese spätere Welt ist auch Keynes Satz zu verstehen, wonach die Ökonomen nicht Treuhänder der Zivilisation seien, sondern Treuhänder der Möglichkeit einer Zivilisation. „Die wahren Treuhänder der Zivilisation, so hätte er hinzufügen können, waren die Künstler und Schriftsteller, mit denen er einen großen Teil seines Lebens verbrachte", schrieb Goodwin.

2. Die idealistische Beschreibung der Zukunft war eine Sache, die Analyse der trüben Gegenwart eine andere. Mehrere *Bloomsberries* haben in ihren Arbeiten den Verfall traditioneller Werte thematisiert. Sie schrieben über zerrüttete Familien, über überkommene Vorstellungen des Verhältnisses von Mann und Frau, über unbewältigte Klassengegensätze, über die mangelnde Bildung breiter Massen und den unseligen Einfluss, den frühere Denker auf die Menschheit ausübten. Angesichts der unruhigen Zeiten, in denen sie lebten, hatten sie vor allem das Vertrauen in das Grundprinzip der liberalen Denker verloren, nach dem die Welt schon in Ordnung kommen würde, solange die Menschen nur unbeeinflusst vom Staat ihre jeweiligen Eigeninteressen verfolgten. Da sie wenig Vertrauen in die Politiker ihrer Zeit besaßen, lag es nach ihrer Ansicht an einer geistigen Elite, auf eine Korrektur der Zustände hinzuwirken. In diesem Geiste erklärt sich, warum Keynes Mitte der zwanziger Jahre in Schriften wie *Das Ende des Laissez-faire* eine Distanz zum alten Liberalismus entwickelte und immer weniger Vertrauen in die Selbstheilungskräfte des Marktes in Krisen besaß.

3. Ein spezielles Problem ihrer Zeit sahen mehrere *Blooms-berries* in enttäuschten Erwartungen der Menschen, die in den Konventionen ihrer Zeit gefangen sind. In einer frühen Novelle von E.M. Forster, *Where Angels Fear to Tread (1905),* entflieht eine junge englische Frau der einengenden viktorianischen Welt und heiratet einen in einem vom Freigeist geprägten italienischen Bergdorf lebenden Mann. Sie wird schwanger und stirbt während der Geburt. Daraufhin streiten sich die englische Familie der Mutter und die italienische Familie des Vaters um das Sorgerecht, bis das Kind einem Unfall zum Opfer fällt. „Die Ursache des Konflikts zwischen den Familien besteht in unterschiedlichen Erwartungen darüber, wie ein Kind erzogen werden sollte, und die Tragödie lässt sich nicht vermeiden, weil die dominierenden kulturellen Praktiken und Institutionen eine Versöhnung nicht erlauben", schrieb Goodwin. Leonard Woolf thematisierte enttäuschte Erwartungen, die aus der Anwendung von Lehren verblichener Denker über Freiheit, Nationalität oder Demokratie auf aktuelle Probleme eines Landes entstehen können. In der *Allgemeinen Theorie* von Keynes geht es nicht um Sorgerechte oder politische Theorien, sondern um Wirtschaftsfragen, aber auch hier spielen enttäuschte Erwartungen eine wesentliche Rolle, warum eine Marktwirtschaft in einer Krise verharren kann.

4. Nicht zuletzt waren die *Bloomsberries* von Angst getrieben: von der Angst vor den möglicherweise verheerenden Handlungen verängstigter Menschenmassen, wie sie sich in der Zwischenkriegszeit beobachten ließen. Die Folgen die-

ser Ängste konnten in demokratischen Staaten Regierungen zur Einschränkung persönlicher Freiheitsrechte bewegen; im Extremfall konnten diese Ängste sich aber auch in revolutionären Umstürzen und der Etablierung totalitärer Regime äußern, die nicht zuletzt das unbekümmerte Leben der *Bloomsberries* bedrohen würde. Die Angst spielt im Werk von Keynes in mehrerlei Hinsicht eine bedeutende Rolle, unter anderem in seiner Krisenanalyse, in der die Menschen aus Zukunftsangst wenig konsumieren und investieren. Auch ihm war Furcht vor einer Umwälzung der Verhältnisse nicht fremd, wie sie zum ersten Mal in Äußerungen aus dem Jahr 1919 dokumentiert ist. Virginia Woolf erinnerte sich: „Er sagt, er wäre desillusioniert. Auch glaube er nicht mehr an die Stabilität der Dinge, die er mag. Eton ist zum Untergang verdammt, die regierenden Klassen ebenso, vielleicht auch Cambridge."

3 KAPITALISMUS, STAAT UND POLITIK

> *„Für meinen Teil denke ich, dass ein weise gemanagter Kapitalismus*
> *wahrscheinlich effizienter als jedes andere System gemacht werden*
> *kann, um wirtschaftliche Bedürfnisse zu erfüllen, aber ich denke auch,*
> *dass der Kapitalismus in sich selbst in vielerlei Weise verwerflich ist.“*
>
> John Maynard Keynes

Kapitalismus mit Fehlern

Wer die Auffassungen von Keynes über den Kapitalismus, den Staat und die Politik nachvollziehen will, muss wiederum in Cambridge beginnen. Das dortige Bildungsbürgertum war überwiegend liberal eingestellt, und Keynes ist sein gesamtes Leben ein Liberaler geblieben, auch wenn er in der Zwischenkriegszeit ein Stück nach links rückte. Die Liberalen von Cambridge waren allerdings keine hundertprozentigen Anhänger eines *Laissez-faire.* In ihrer festen Überzeugung wurde das herrschende Wirtschafts- und Gesellschaftsmodell wesentlich von der bürgerlichen Mittelschicht getragen, während sowohl die Oberschicht (der Adel und die reichen Industriellen) ebenso als potentielle Störenfriede angesehen wurden wie das ungebildete Proletariat.

Bescheidene Sozialreformen und eine bescheidene Umverteilung hielten sie durchaus für sinnvoll, und mit dem Begriff des *Laissez-faire* verbanden sie ein nicht sehr schmeichelhaftes Bild von den Fabrikanten im industriellen Norden des Landes. Hinzu kam, dass man in Cambridge wie auch in Oxford übertriebener Liebe zum Geld ablehnend gegenüberstand und in der beschaulichen Provinz überhaupt vom damals modernen Wirtschaftsleben nicht viel mitbekam. Für Keynes bestand die wesentliche Eigenschaft des Kapitalismus in einer „Abhängigkeit von einem intensiven Appell an die geldmachenden und geldliebenden Instinkte von Individuen als wichtigster Kraft für die ökonomische Maschine".

Diese Distanz gegenüber dem Wirtschaftsleben besaß weitreichende Folgen, weil gerade die Universitäten in Cambridge und Oxford in der zweiten Hälfte des 19. Jahrhunderts daran gingen, die Elite des öffentlichen Dienstes zu formen, die später einflussreiche Positionen in London einnahmen. „Das Ergebnis war, dass sich in der ersten Hälfte des 20. Jahrhunderts an der Spitze des öffentlichen Lebens Männer befanden, deren Ausbildung sie ziemlich unverseucht gelassen hatte mit Wissen über die Industriegesellschaft und die eine tief verwurzelte Abneigung gegenüber dem Profitmotiv besaß", schrieb Skidelsky.

Keynes hatte diese Einstellung inhaliert, wie viele Äußerungen zeigen. Über „Bürgertum und Intelligentia" hieß es in einem Aufsatz aus der Mitte der zwanziger Jahre pathetisch, dass sie „trotz aller Fehler doch die Werte des Lebens darstellen und wahrhaftig die Saat aller menschlichen Vervollkommnung enthalten".

Keynes erste Analyse des Kapitalismus findet sich in seiner Arbeit über den Friedensvertrag. Sie idealisierte zum Teil die Jahrzehnte vor dem Ersten Weltkrieg und drückte die Befürchtung aus, dass sich diese Verhältnisse nicht mehr herstellen ließen. Das war keine Einzelmeinung. Für diejenigen, die in den zwanziger Jahren lebten, war der Erste Weltkrieg ein schockierendes Ereignis, das eine ganze Welt nachhaltig verändert hatte. Viele empfanden die Vorkriegszeit als eine „Epoche der Ruhe", die Zeit nach 1918 indessen als „Epoche der Unruhe".

Keynes schilderte das Europa vor 1914 als einen Wirtschaftsraum mit niedrigen Handelsschranken, konvertierbaren Währungen und einem Ordnungsrahmen, der die persönlichen und die Eigentumsrechte der Menschen garantierte. Dieser Rahmen erleichterte die Bildung von Kapital, die zudem durch eine extreme Umverteilung begünstigt wurde. Denn während die Masse der Menschen kaum oder nur wenig sparen konnten, konsumierten die „neuen Reichen" des Kapitalismus nicht ihre gesamten Einkommen, sondern bildeten Ersparnisse zur Finanzierung von Investitionen. Diese führten zur Bildung von immer mehr Sachkapital, das einen dynamischen Wachstumsprozess begünstigte und damit für die Masse erträgliche Einkommens- und Konsummöglichkeiten bot. „Hierin lag tatsächlich die wichtigste Rechtfertigung des kapitalistischen Systems", schrieb Keynes. „Hätten die Reichen ihren gesamten Wohlstand zu ihrem eigenen Vergnügen konsumiert, hätte die Welt ein solches System schon vor langer

Zeit als untragbar erachtet. Aber sie sparten und akkumulierten wie die Bienen."

Aus Sicht von Keynes waren damit zwei Fundamente des Systems deutlich erkennbar, die er als „Täuschung" bezeichnete: Die Arbeiter waren bereit, ein solches System zu akzeptieren, obgleich sie nur einen kleinen Teil des Kuchens bekamen. Das würden sie auch vermutlich weiter tun, solange der Kapitalismus ihnen die Möglichkeit bot, erträgliche Einkommen zu beziehen. Das zweite Fundament beruhte auf der Bereitschaft der Reichen, nicht ihren Teil des Kuchens vollständig zu konsumieren, sondern zu sparen und zu investieren in die Zukunftsfähigkeit des Kapitalismus und natürlich auch zu ihrem eigenen Nutzen: „Die Pflicht zur ‚Ersparnis' wurde zu neun Zehnteln der Tugend und das Wachstums des Kuchens das Ziel der wahren Religion."

Nach dem Ersten Weltkrieg sah Keynes jedoch zunehmend die Gefahr, dass der Kapitalismus sein Leistungsversprechen gegenüber den Arbeitern nicht einhalten könnte. Die wirtschaftliche Entwicklung in Europa war nach dem Ersten Weltkrieg schwierig. Das System der Goldwährung existierte nicht mehr, die Inflationsraten nahmen zu, politische Instabilität zog ein und anstelle des alten Freihandels nahmen protektionistische Neigungen zu. Als eingefleischter Brite war Keynes zunächst beunruhigt über die Lage seines Heimatlandes. Großbritannien befand sich seit Anfang der zwanziger Jahre in einer wirtschaftlichen Dau-

erkrise mit – von einem einzigen Jahr abgesehen – zwei-
stelligen Arbeitslosenraten. Im Jahre 1926 hatte das Land
einen Generalstreik erlebt.

Einen Grund sah Keynes in der Ermüdung der unterneh-
merischen Aktivität. Für viele Familienunternehmen
schien ihm das Versagen der dritten Generation typisch,
wie es sich in dem alten Spruch ausdrückt: Die erste
Generation baut ein Unternehmen auf, die zweite Generation verwaltet es und die dritte Generation richtet es
zugrunde. In vielen großen Aktiengesellschaften verwan-
delten sich nach seiner Beobachtung Manager immer
mehr in Bürokraten. Anstelle im Auftrag ihrer Eigentü-
mer Gewinne zu maximieren und die damit verbundenen
Risiken einzugehen, suchten sie ihre Positionen zu
sichern, indem sie eine risikoarme Geschäftspolitik
betrieben. Die Vorstellung von der allmählichen Ver-
wandlung des Großkonzerns in eine Art Bürokratie war
damals unter Ökonomen verbreitet; in Deutschland fand
man sie unter anderem bei Werner Sombart und Rudolf
Hilferding. Ihren bekanntesten Auftritt in der Zeit nach
dem Zweiten Weltkrieg hatte diese Konzeption in John
Kenneth Galbraiths 1967 erschienenem Buch *The New
Industrial State.*

Doch zurück ins Großbritannien der Zwanziger: Aus poli-
tischer Sicht existierte das die Vorkriegszeit bestimmende
Duopol aus Konservativen und Liberalen nicht mehr, da die
Labour Party die Liberalen als zweite bestimmende politi-

sche Kraft zu ersetzen begann. Die Labour Party stand jedoch weitaus weiter auf der Linken als die zu einem Sozialliberalismus neigende Liberale Partei. Mit den Genossen von Labour konnte Keynes nichts anfangen; er sah dort drei Typen, die ihn alle abstießen: „Gewerkschaftstyrannen", fanatische Anhänger des Klassenkampfes („Katastrophenpartei") und Vertreter eines „starrköpfigen Staatssozialismus". Auch ansonsten war die Labour Party nichts für ihn. „Zunächst einmal ist es eine Klassenpartei, und die Klasse ist nicht meine Klasse. Wenn ich überhaupt Sonderinteressen verfolgen will, so werde ich meine eigenen verfolgen", betonte Keynes. „Ich kann beeinflusst werden durch das, was mir gerecht oder vernünftig erscheint; aber ein Klassenkrieg würde mich auf der Seite der gebildeten Bourgeoisie finden."

Mit den Konservativen konnte er ebenso wenig anfangen, auch wenn er mit einigen Mitgliedern ihrer Führung, etwa Winston Churchill, befreundet oder doch zumindest gut bekannt war. Die Konservativen blieben nach Keynes' Meinung intellektuell hoffnungslos in der Zeit vor dem Ersten Weltkrieg verharrt, überdies besaßen zwei Gruppen Gewicht in der Partei, die das bildungsbürgerliche Milieu in Cambridge regelrecht verachtete: Die Banker aus der Londoner City und sonstigen Wirtschaftsführer als Vertreter der Macht des Geldes sowie der als dekadent und vorsintflutlich eingeschätzte Adel. Umgekehrt schmähten die Konservativen Keynes als Mann mit einem erstklassigen Verstand, aber zweitklassigem Charakter.

Liberale im Geiste von Keynes lehnten auf Vererbung beruhende Institutionen wie den Adel ab, weil sie vor allem von vergangenen Meriten und weniger von aktuell erbrachten Leistungen lebten. Nicht zufällig sprachen sich britische Liberale des 19. Jahrhunderts wie John Stuart Mill im Unterschied zu modernen Liberalen für hohe Erbschaftsteuern aus, um das Vererbungsprinzip auszuheben, und nicht zufällig erklärte Keynes die außerordentliche Dauerhaftigkeit der Katholischen Kirche mit der Tatsache, dass in ihr Macht nicht vererbt wird.

Keynes betrachtete den Kapitalismus als das einzige leistungsfähige Wirtschaftssystem, aber eine Reihe von Ausprägungen gefielen ihm nicht. Gewohnt drastisch formulierte er: „Der Kapitalismus basiert auf der merkwürdigen Überzeugung, dass widerwärtige Menschen aus widerwärtigen Motiven irgendwie für das allgemeine Wohl sorgen werden." Dennoch fühlten sich Keynes und seine Freunde im Kapitalismus nicht unwohl, denn einerseits drohte ihnen nicht die wirtschaftliche Verarmung und zweitens konnten sie in Gedanken und Gefühlen immer in die von Moore aufgebaute Zweitwelt und die damit verbundenen Gespräche über das Gute, das Schöne und die Künste flüchten.

Doch viele andere Menschen konnten das nicht: Sie waren entweder arm oder drohten es zu werden, weil der Kapitalismus das einzig an ihm attraktive, die Schaffung einer wirtschaftlichen Grundlage, zunehmend nicht mehr erfüllen konnte. Und der traditionelle spirituelle Halt dieser Menschen, die Religion, verlor immer mehr an Einfluss. Wenn es nicht gelang, die Leistungsfähigkeit des Kapitalismus wiederherzustellen, so die Furcht von Keynes und seinen Freunden, bestand die Gefahr, dass die vielen Enttäuschten des Kapitalismus sich Sirenensängern zuwenden könnten, die ihnen eine radikale Alternative vorgaukelten. Solche Sirenen hatte Keynes im Jahre 1925 kennengelernt – während seiner Hochzeitsreise in die noch junge Sowjetunion.

Rotes Russland

Schon mit der Überschrift des ersten Kapitels seiner Analyse der Sowjetunion kam Keynes auf die religiöse Komponente des dortigen Regimes und seiner Lehre zu sprechen: „Worin besteht der kommunistische Glaube?" Die einleitenden beiden Sätze fassten prägnant das zusammen, was der Autor danach länger ausführte. „Leninismus ist eine Verbindung von zwei Dingen, die Europäer einige Jahrhunderte lang in verschiedenen Abteilungen der Seele gehalten haben: Religion und Geschäft", begann Keynes. „Wir sind entsetzt, weil die Religion neu ist, und voller Verachtung, weil das Geschäft, das der Religion unterstellt ist, statt dass es umgekehrt wäre, einen sehr geringen Leistungsgrad hat."

Keynes fuhr fort, die Charakteristika der neuen Religion zu beschreiben wie die Existenz einer kleinen Minderheit begeisterter Bekehrter, die mit Eifer und Unduldsamkeit zu Werke gehen. Begeistert war er nicht: „Gleich allen neuen Religionen scheint der Leninismus aus dem täglichen Leben die Farbe, die Heiterkeit und die Freiheit herauszunehmen und einen grauen Ersatz in den hölzernen Quadratgesichtern seiner Anhänger zu bieten."

Der Brite hielt nicht nur die theoretische Grundlage, den Marxismus, für absurd. Keynes sprach von einem veralteten wirtschaftlichen Textbuch, von dem er wisse, dass es nicht nur wissenschaftlich falsch sei, sondern auch ohne Interesse und Anwendbarkeit für seine Zeit. Er war weder bereit, in einem solchen System zu leben noch es in seinem eigenen Land zu tolerieren: „Für mich, der ich ohne alle Ängste in einer von den Schrecken der Religion nicht verdunkelten freien Welt aufgewachsen bin, enthält das rote Russland zu vieles, das zu verabscheuen ist. Zum Verzicht auf Bequemlichkeiten und Gewohnheiten lasst uns gerne bereit sein, aber ich bin nicht bereit für ein Glaubensbekenntnis, dem es gleichgültig ist, wie sehr es die Freiheit und Sicherheit des täglichen Lebens zerstört, und das absichtlich die Waffen der Verfolgung, der Zerstörung und des zwischenstaatlichen Streits benutzt. Wie kann ich eine Politik bewundern, deren kennzeichnender Ausdruck die Ausgabe von Millionen ist, um im Inland Spione für jede Familie und Gruppe zu bestechen und im Ausland Unruhe zu schüren?" Dennoch hielt er es für möglich, dass der religiöse Charakter des Marxismus die Sowjetunion für einige Zeit am Leben erhalten werde trotz geringer wirtschaftlicher Leistungsfähigkeit.

Keynes war immun, aber viele im Westen würden nicht immun sein, da der Kommunismus mit seiner Botschaft der Befreiung und Erhöhung des Individuums auf Menschenfang gehen werde. Er besaß sogar Verständnis für Menschen, die der Lockung verfielen: „Viele aber in diesem Zeitalter ohne Religion müssen notwendig gegenüber jeder Religion, die wirklich neu und nicht nur ein Wiederausbruch von älteren ist, und die ihre bewegende Kraft bewiesen hat, eine starke, erregte Neugierde spüren. Ich fühle mit denen, die in Sowjet-Russland nach etwas Gutem suchen."

Aber natürlich gefiel es ihm nicht. Nicht nur in der britischen Politik, auch in der Studentenschaft war eine Radikalisierung unverkennbar, die Keynes nicht entging und ihn beunruhigte. Der kanadische Ökonom Lorie Tarshis, der damals in Cambridge studierte, erinnerte sich an die überragende Bedeutung, die ein von John Strachey – einem Cousin von Lytton Strachey – in marxistischem Geist verfasstes Buch besaß: „John Strachey schrieb ein Buch mit dem Titel *The Coming Struggle for Power*. Als ich in den dreißiger Jahren nach Cambridge kam, hatte es jedermann, prominent plaziert, in seinem Bücherregal stehen. Es war ein aufregendes Buch, in intellektueller Hinsicht aufregend zu lesen. Es war die Bibel der Studenten in Cambridge." Als Strachey einen Vortrag vor Studenten hielt, habe er eine „sehr, sehr vorteilhafte Aufnahme" gefunden, schilderte Tarshis. Wenige Jahre später, mittlerweile war die *Allgemeine Theorie* erschienen, las Tarshis ein neues Buch von Strachey: „Ich war erstaunt, es war totaler Keynes. Das zeigt, wie Keynes den Kommunismus widerlegt hat und wie John Strachey, ein extremer Marxist, dessen Leben bis dahin Marx und seinen Lehren gewidmet war, durch Keynes völlig verändert wurde."

War die Lage in Großbritannien schon nicht angenehm, so musste Mitte der dreißiger Jahre ein Blick auf den europäischen Kontinent einen Bürgerlichen wie Keynes erst recht erschrecken. Nicht nur Russland war in der Hand eines totalitären Regimes. In Deutschland und Italien herrschten Faschisten. In Spanien brach 1936 ein verheerender Bürgerkrieg aus; Frankreich war zwar nach wie vor ein demokratischer Staat, wurde aber von einer Volksfrontregierung aus Sozialisten und Kommunisten regiert. In mehreren kleinen Ländern herrschten autoritäre Regimes. Die liberale Demokratie befand sich auf dem Rückzug, und die verheerende Weltwirtschaftskrise war nicht geneigt, ihre Attraktivität zu stärken. Diese Bedrohung veranlasste Keynes, liberalen Kritikern, die seine Theorie als unverantwortliche Abkehr von der reinen Lehre bezeichneten, sinngemäß entgegenzuhalten: Wenn ihr meine bescheidenen Staatseingriffe nicht akzeptieren wollt, kann es sein, dass ihr euch bald mit einer sehr viel radikaleren Politik auseinandersetzen müsst.

Mehrere amerikanische Ökonomen haben die Zurückdrängung des Marxismus durch das Werk von Keynes als dessen historisches Verdienst gewürdigt. Denn wer angesichts einer schweren Wirtschaftskrise und politischer Instabilität am *Laissez-faire*-Kapitalismus zweifelte, musste nicht nach Extremem wie dem Kommunismus oder dem Faschismus greifen. Er konnte „Keynesianer" werden und hoffen, dass sich dessen Kombination aus Kapitalismus mit etwas stärkeren Staatseingriffen bewähren würde. Tatsache ist, dass der Marxismus nach dem Zweiten Weltkrieg in der westlichen Welt zu einem Halt kam, auch wenn es dafür noch andere Gründe gab als den Einfluss von Keynes.

Heute, wo die Totalitarismen der damaligen Zeit untergegangen sind, ist dies in Vergessenheit geraten. Aber gerade dieses Verdienst macht Keynes zu einem der einflussreichsten Ökonomen – unabhängig von allen Schwächen seiner Theorie und allem Unfug, den manche seiner Nachfolger angerichtet haben. Historisch betrachtet, sind Keynes an Einfluss auf die reale Welt höchstens zwei Ökonomen überlegen gewesen, wobei der erste im Guten und dauerhaft und der zweite im Schlechten und nur vorübergehend gewirkt hat: Adam Smith und Karl Marx (dessen Lehre immerhin für einige Jahrzehnte mit der Sowjetunion und China zwei Weltreiche und diverse Satellitenstaaten infizierte).

Grenzen des Interventionismus

Die Vorstellung eines in den Investitionsprozess eingreifenden Staates ergab sich für Keynes zwingend aus seiner öko-

nomischen Analyse, doch während er darin keinen Systembruch sah, teilten bei weitem nicht alle Fachleute diese
Ansicht. Für die Kommunisten bildete die Konzeption des
Briten einen untauglichen Versuch, den unausweichlichen
Sieg des Kommunismus zu verhindern. Für die Liberalen
wurde Keynes zu einem höchst gefährlichen Mann, der die
freie Welt mit sozialistischem Gedankengut infizierte und
damit alles aufs Spiel setzte, was einem Liberalen wichtig ist.

Die These, dass auch staatliche Eingriffe die Tendenz besitzen können, weitere Eingriffe nach sich zu ziehen und einen
liberalen Staat in den Totalitarismus zu treiben, hat kein
Liberaler publikumswirksamer beschrieben als Friedrich
von Hayek in seinem 1944 erschienenen Buch *Der Weg zur
Knechtschaft,* das den „Sozialisten in allen Parteien" gewidmet ist und sich nicht zuletzt gegen die Lehren von Keynes
richtet. *Der Weg zur Knechtschaft* ist eine engagiert geschriebene propagandistische Schrift gegen die Vorstellung eines
„Dritten Weges" zwischen Liberalismus und Sozialismus.
Das Werk wurde vor allem in den Vereinigten Staaten zum
Bestseller.

Interessant ist, wie Keynes auf dieses Buch reagierte. Er gab
Hayek in einem Brief ausdrücklich recht – jedenfalls überwiegend. Keynes befürwortete zwar staatliche Planung
innerhalb gewisser Grenzen, doch: „Aber die Planung sollte
in einer Gemeinschaft stattfinden, in der so viele Menschen
wie möglich, sowohl Führer wie Geführte, Ihre eigene
moralische Position teilen. Moderate Planung wird sicher

sein, wenn diejenigen, die sie ausführen, sich in Ihrem Geist und in Ihrem Herzen an Ihrer eigenen Moral orientieren. Gefährliche Handlungen können in einer Gemeinschaft, die richtig denkt und fühlt, sicher ausgeführt werden, aber sie wären ein Weg zur Hölle, wenn sie von Leuten ausgeführt würden, die falsch denken und fühlen."

Keynes konzedierte Hayek damit, dass staatliche Planung durchaus auch ins Verderben führen kann. Aber in seinem Optimismus sah er die Möglichkeit gefahrloser Planung durch verantwortungsbewusste Liberale – und hier spielt wieder die Prägung durch das Cambridge-Milieu eine Rolle –, weil diese Liberalen Freiheitsrechte so weit wie möglich respektieren würden. Linksstehende Politiker und Denker, die den Liberalismus kritisch beurteilen, können sich in ihrer Befürwortung von Interventionspolitik damit nicht auf Keynes berufen – was sie dennoch seit Jahrzehnten tun.

Und dann tritt hinzu, dass der einhundertprozentige Engländer Keynes seine Konzeption nicht für die ganze Welt als geeignet betrachtete: „Machen Sie sich keine Gedanken, hier in England werden die Dinge perfekt laufen, weil wir Engländer sind und nicht verrückt wie die Kontinentaleuropäer." Der Satz entbehrt natürlich nicht des nationalen Idealismus und der Polemik, aber er zielt auf die angelsächsische Neigung, Politik eher pragmatisch als ideologisch zu betreiben. Allerdings liefert gerade die britische Politik in der Zeit nach dem Zweiten Weltkrieg keine gute

Bestätigung dieser These; für die Vereinigten Staaten trifft sie eher zu.

Unabhängig davon hatte Keynes mit einer Feststellung recht: Aus Hayeks Analyse ergibt sich nicht, wie weit staatliche Einflüsse gehen können, bis sich die unheilvolle Tendenz zum Totalitarismus einstellt. Eine verbreitete Interpretation, wonach jeder staatliche Eingriff zwingend ins Verderben führt, ist nicht korrekt, wie Hayek Jahrzehnte später in einem Briefwechsel mit Paul Samuelson klarstellte. Vielmehr sah Hayek durchaus die Möglichkeit, vorübergehende Fehlentwicklungen durch liberale Politik zu korrigieren. Der späte Hayek hatte selbst bescheidene Eingriffe befürwortet. Ein optimales Maß an Staatseingriffen lässt sich nicht bestimmen und es hängt viel vom verantwortungsbewussten Umgang der Politik mit Interventionen ab, wie Keynes viel früher festgestellt hatte. Allerdings stellt sich die Frage, ob Keynes nicht ein zu optimistisches Bild der Politik besaß.

Der Staat und seine Politiker

Die britische Staatskonzeption ist eine andere als die kontinentaleuropäische. Der Staat wurde nicht nur in Cambridge als eine Institution wahrgenommen, der man über Jahrhunderte Freiheitsrechte abtrotzen musste. Der Staat war so klein wie möglich zu halten, seinen Vertretern trat man mit einem gesunden Misstrauen gegenüber. Weder Politiker noch Bürokraten genossen ein hohes Ansehen in der Bevölkerung. Dafür, dass London einem riesigen Empire vorstand, war der Regierungsapparat lange sehr klein. So waren im Schatzamt vor Ausbruch des Ersten Weltkriegs lediglich rund 150 Personen beschäftigt, darunter nur etwa ein Drittel als Beamte. Die wuchernden Bürokratien in der Zeit nach dem Zweiten Weltkrieg konnte sich der Brite fraglos nicht vorstellen.

In diesem Sinne ist eine einflussreiche liberale Keynes-Kritik zu betrachten, die James M. Buchanan (Nobelpreis 1986) und Richard Wagner in ihrem 1977 erschienen Buch *Democracy in Deficit* vorgestellt hatten. Der Untertitel *The Political Legacy of Lord Keynes* deutet an, wen sie für dieses Defizit hauptverantwortlich machten. Der Buchtitel war aus ihrer Sicht außerordentlich geschickt gewählt, weil er eine doppelte Bedeutung besaß: Er zielte nicht nur auf die wachsenden Defizite im Staatshaushalt ab, die seinerzeit zu beobachten waren, sondern postulierte daneben ein Demokratiedefizit, das zudem durch den in der Literatur seltenen, wenn auch korrekten Hinweis auf Keynes' Adelstitel unterstützt wurde.

Buchanan und Wagner bescheinigten Keynes einen „überragenden" Einfluss auf das ökonomische Denken und die Wirtschaftspolitik der Zeit nach dem Zweiten Weltkrieg, auch wenn sie einräumten, dass es durchaus einen Unterschied geben mag zwischen späterer keynesianischer Ökonomik und der Ökonomik von Keynes. Für sie war Keynes jedoch vor allem ein „Spekulant in Ideen wie in Fremd-währungen", die Bedeutung von Institutionen sei ihm unbekannt gewesen, und ihr Urteil kam am deutlichsten in folgendem Satz zum Ausdruck: „Aus normativer Sicht war Keynes in keinerlei modernem Verständnis des Begriffs ein Demokrat." Das ist starker Tobak.

Diese Interpretation ist jedoch höchst fragwürdig: Die Autoren schreiben zwar viel über keynesianische Politik in der Nachkriegszeit, verweisen aber nur selten auf konkrete Äußerungen von Keynes. Zudem ist es unzulässig, einen Toten für Exzesse von Anhängern verantwortlich zu machen, die mit seinem Ursprungswerk nichts zu tun haben. Keynes ist nicht verantwortlich für spätere Über-treibungen in der Sozialpolitik – für Sozialpolitik hat er sich niemals besonders interessiert. Keynes ist auch nicht verantwortlich für möglicherweise übertriebene Umvertei-lungspolitik und zu hohe Steuersätze – in der *Allgemeinen Theorie* wird ein gewisses Maß an Ungleichheit sogar aus-drücklich befürwortet, weil herausragende berufliche Leis-tung belohnt werden sollte (ein klassisches liberales Argu-ment). Keynes hielt die Unterschiede zwischen Arm und Reich zu seiner Zeit zwar für zu groß, aber gleichwohl sprach er sich nur für Steuersätze von höchstens 25 Prozent aus. Außerdem machte Keynes einen großen Unterschied zwischen Theorie und Politik.

Zweifellos favorisierte Keynes ein Modell, in dem wichtige Entscheidungen in Gesprächen zwischen der politischen

Elite mit kompetenten Beratern vorbereitet wurden. Das war die Welt, in der Keynes aufgewachsen war. Aber niemand hat bezweifelt, dass Großbritannien damals eine demokratisch verfasste konstitutionelle Monarchie war, und niemals hat Keynes nachhaltige Veränderungen des politischen Systems gefordert. Dass er als politischer Berater Einfluss erlangen wollte, war normal – welchen Sinn besäße Beratung, wenn sie ohne Folgen bliebe? Und er hielt die Masse der Menschen auch nicht für unterbelichtet: „Die Schwierigkeit liegt gar nicht beim Publikum. Das Publikum ist goldrichtig und zu allem zu haben. Es sind die verdammten Politiker, deren verdammte Köpfe nicht genug auf Dinge vorbereitet worden sind, die anders sind als zur Zeit ihrer Vorfahren." Die These, Keynes wäre kein Demokrat gewesen, hängt ziemlich in der Luft.

Eine Kritik erscheint jedoch völlig gerechtfertigt: Die Vorstellung, dass es dem kundigen Berater gelänge, die Politik auf den richtigen Weg zu führen und dort zu halten, lässt sich nur als idealistisch oder naiv bezeichnen. Sie widerspricht der Erfahrung wie der modernen Theorie, die den Politiker als politischen Unternehmer versteht, dem es in erster Linie darauf ankommt, seine Wiederwahl zu sichern. Letzteres war Keynes natürlich bekannt, der dem britischen Premierminister Lloyd George schon 1919 vorgeworfen hatte, er habe um seiner politischen Popularität willen in Versailles einem aus Keynes' Sicht unmöglichen Friedensvertrag zugestimmt. Zitate wie die nachfolgenden haben den Tübinger Ökonomen Joachim Starbatty zu dem

Schluss kommen lassen, dass vor allem der junge Keynes eine brauchbare Quelle für Theorien des Staatsversagens gewesen wäre: „Die gewöhnlichsten Tugenden der Einzelnen fehlen oft den Wortführern der Völker. Ein Staatsmann, der nicht sich, sondern sein Land vertritt, kann sich, wie die Geschichte beweist, rachsüchtig, treulos und selbstsüchtig zeigen, ohne sich übermäßigem Tadel auszusetzen."

Doch der Brite verfügte nicht über eine ökonomische Theorie der Politik, wie sie nach dem Zweiten Weltkrieg entwickelt wurde. Buchanan und Wagner verwiesen mit Recht auf die Erfahrung asymmetrischer staatlicher Konjunkturpolitik, bei der sich Regierungen in Krisen verschulden, die Schulden aber nicht, wie von Keynes gefordert, in guten Zeiten zurückgezahlt haben. Die Erklärung für das Verhalten der Politiker ist einfach: Mit aktiver Finanzpolitik können sie sich in der Krise gegenüber der Bevölkerung als „Macher" empfehlen, während sie sich unbeliebt machen würden, sähen sie sich anschließend gezwungen, zur Rückzahlung der Schulden Staatsausgaben zu kürzen. Solche Überlegungen waren Keynes fremd.

Reichlich unscharf bleibt auch der Ordnungsrahmen, innerhalb dessen der Staat etwa durch eine „umfassende gesellschaftliche Veranlassung zur Investition" eingreift. Der Staat soll mit seiner Tätigkeit die privaten Unternehmen nicht ersetzen, sondern Tätigkeiten übernehmen, die von privaten Unternehmen nicht erbracht werden. Um die privaten Freiheitsrechte so wenig wie möglich anzutasten, wollte Keynes nicht die Befugnisse der Zentralregierung stärken: „Für diese Zwecke werden Minister und Parlamente ungeeignet sein." Stattdessen sollen auf dem Wege der Dezentralisierung – „die ideale Größe für diese Organisations- und Kontrolleinheit (liegt) irgendwo zwischen dem Individuum und dem modernen Staat" – halböffentliche Institutionen, als Beispiele nennt er die Bank of England und die Universitäten, zusätzliche Kompetenzen erhalten.

Solche Institutionen sind in Großbritannien noch heute weitverbreitet; es gibt mehrere Tausende und sie besitzen häufig ein recht starkes Eigenleben. Sie stehen aber auch in der öffentlichen Kritik, weil ihre Führungen nicht selten mit politischen Günstlingen besetzt werden, deren Amtsführung zu wünschen übrig lässt. Keynes sah die Gefahr, dass diese halbautonomen Einheiten in den Würgegriff von Interessengruppen kommen könnten, und forderte daher, dass diese Institutionen letztlich dem Parlament verantwortlich sein sollten. Und damit entsteht ein Widerspruch, denn mit der Förderung der halbautonomen Institutionen wollte Keynes ja gerade das Parlament ein Stück weit entmachten.

Zusammenfassend lässt sich nicht bestreiten, dass Keynes eine schlüssige politische Konzeption seiner Lehren fehlte. Er hat dies offenbar auch nicht als Mangel empfunden. Dass seine Lehren in die Hände von Leuten fallen könnten, die Hayeks und seine „moralische Position" nicht teilten und nicht im liberalen Geiste „denken und fühlen", hat er gegen Ende seines Lebens noch selbst erfahren. Keynes gelang es aber nicht mehr, das Rad umzudrehen. Insofern ist Wilhelm Röpkes Feststellung zuzustimmen: „Was für ihn rasch umschlagendes geistiges Betriebskapital war, ist für die weniger Beweglichen zu einem immobilen Anlagekapital geworden, dessen Rentabilität mit allen Mitteln verteidigt wird, einschließlich der monopolistischen Abschirmung."

4 FINANZMÄRKTE UND KAPITALANLAGE

> *„Spekulanten mögen so lange keinen Schaden anrichten, wie sie Blasen auf dem steten Strom des Geschäftslebens gleichen, aber die Angelegenheit wird ernst, wenn das Geschäftsleben sich zur Blase auf einem Strudel der Spekulation entwickelt. Wenn die Kapitalbildung eines Landes zum Nebenprodukt der Geschäfte eines Kasinos wird, droht die Sache schiefzugehen."*
> John Maynard Keynes

In der Gelehrtenwelt von Cambridge und in Bloomsbury gehörte der Geldtrieb zu den öffentlich am meisten verachteten Trieben. Gelderwerb als Grundlage der Daseinssicherung und -vorsorge war selbstverständlich notwendig und ein bescheidener Reichtum, der einen nicht jeden Tag besorgt auf das Bankkonto blicken lassen musste, keine Sünde. Wenn man etwas Vermögen besaß, wurde es sicher in Staatsanleihen, in Hypotheken oder in Grund und Boden investiert. Aber der Gelderwerb um des Geldes willen, die Sucht nach dem Mammon, galt als unwürdig, und nicht zuletzt John Maynard Keynes hat diese Auffassung mit Empörung öffentlich geäußert. Und kaum jemanden verachtete er mehr als den *Rentier,* der alleine von Kapitaleinkommen lebte.

Der öffentlichen Empörung steht das Bild von Keynes, dem Kapitalanleger, entgegen, der praktisch mit Nichts anfing und nach seinem Tode ein Privatvermögen von – auf die heutigen Verhältnisse umgerechnet – rund 22 Millionen Euro hinterließ. In seinen vielen Nebenberufen

war er für Versicherungsgesellschaften und Fondsgesell-
schaften tätig, und in Cambridge diente er rund zwei
Jahrzehnte als Schatzmeister von *King's College*. Dabei
wurde Keynes erst im Laufe der Zeit zu einem erfolgreichen, langfristig agierenden Anleger. Zuvor hatte er sich
gerne, aber insgesamt nicht unbedingt rühmlich, als
kurzfristig agierender Spekulant betätigt, und nach allem,
was an Informationen vorliegt, tat er dies mit großer
Begeisterung. Jeden Morgen las er im Bett zunächst den
Wirtschafts- und Kursteil von Zeitungen und nahezu täglich sprach er mit seinem Londoner Maklerhaus Buckmaster & Moore.

Diese langjährige Begeisterung für Geldgeschäfte passte
überhaupt nicht zur Prägung durch Cambridge und
Bloomsbury. Zeitzeugen und Biographen haben zur Erklärung Keynes' Neigung zum Spieler angeführt, die unbe-
streitbar vorhanden war, aber vielleicht nicht völlig befriedigt. Der Zürcher Bankier und Ökonom Felix Somary
berichtete von einer Begegnung, in der sich Keynes äußerst
kritisch gegenüber der Ökonomik als Wissenschaft und
gegenüber Ökonomen (sich selbst eingeschlossen) geäußert
habe. Hingegen habe er seinen Sinn für Börsenspekulatio-
nen mit sichtlichem Stolz hervorgehoben.

Lytton Strachey, der zugleich Freund und manchmal hefti-
ger Kritiker war, schrieb im Anschluss an einen Besuch
von Keynes in einem Brief angewidert und auf typische
Weise etwas theatralisch: „Die einzigen Themen, die ihn

überhaupt interessieren, sind ‚Fie-nance‘, wie er es nennt, und Unzüchtigkeit. Er wirft einen Mantel voller Befriedigung über beide – oh, schrecklich! Schrecklich! Er redet über Geschlechtsverkehr und Spekulationen mit der gleichen kalkulierenden Abscheulichkeit." In Anspielung auf die Homosexualität seines Freundes setzte er fort: „Er hat einen Jungen mit demselben bösartigen Vergnügen, wie er zu Höchstkursen an der Börse verkauft." Strachey gelangte zu dem Ergebnis: „Ich will ihn nie mehr wieder sehen." Soweit kam es dann allerdings nicht. Und als Keynes nach dem Ersten Weltkrieg große Räder an den Finanzmärkten zu drehen begann, beteiligten sich mehrere Familienmitglieder und *Bloomsberries* mit teilweise beachtlichen Beträgen. Wenn das schnelle Geld lockte, durfte die Moral auch innerhalb der selbsternannten geistigen Elite zurückstehen.

Außer Frage steht, dass Keynes seine praktischen Erfahrungen für seine Tätigkeit als Dozent und als Theoretiker zu nutzen verstand, und gerade hier ist er zu Erkenntnissen gelangt, die fast ein Jahrhundert später als ausgesprochen modern gelten müssen. Er hielt bereits vor dem Ersten Weltkrieg Vorlesungen über Finanzmärkte, und in späteren theoretischen Arbeiten schimmern seine Kenntnisse immer wieder durch. So kannte er damals, als Frucht seiner Doktorarbeit über Wahrscheinlichkeitstheorie, den Unterschied zwischen unkalkulierbarer Unsicherheit und kalkulierbarem Risiko, der nicht zuletzt in seiner *Allgemeinen Theorie* Bedeutung erhalten sollte.

Auch war ihm bereits im Jahre 1910 klar, dass Anleger nicht immer auf der Basis rationaler Erwartungen handeln: „Der Aktionär wird offensichtlich weniger durch ihm langfristig zufließenden Nettoerträge beeinflusst, sondern durch seine Erwartungen. Diese werden oft von Moden abhängen, von Werbung oder völlig irrationalen Wellen von Optimismus oder Depression." Ebenfalls schon zu dieser Zeit sprach er sich für die Offenlegung der Geschäfte von Managern und Unternehmern mit Aktien des eigenen Unternehmens aus, um mehr Transparenz zu schaffen. Daneben betätigte sich Keynes als Finanzjournalist: Er schrieb in der von ihm herausgegebenen liberalen Wochenzeitung *The Nation* in den zwanziger Jahren eine Kolumne für Kapitalanleger.

Keynes betrieb zwar schon vor und im Ersten Weltkrieg gelegentlich Aktiengeschäfte, aber so richtig legte er im Sommer 1919 los, also im Alter von 36 Jahren. Anfangs dienten ihm Börsengeschäfte dazu, einen Lebenswandel zu finanzieren, zu dem seine Einnahmen als Dozent, Journalist und Buchautor seinerzeit nicht ausreichten. Später betrieb er Warentermingeschäfte auch zu dem Zweck, seine ökonomischen Theorien zu überprüfen.

Im August 1919 entschloss sich Keynes, mit einem überwiegend geliehenen Kapital von rund 5.000 Pfund (umgerechnet knapp 300.000 Euro) riskante Devisentermingeschäfte zu betreiben. Vor dem Ersten Weltkrieg hatte der Goldstandard für feste Wechselkurse gesorgt; seit dem

Zusammenbruch des Goldstandards schwankten die Wechselkurse in der turbulenten Nachkriegszeit stark. Der Reiz des Termingeschäfts bestand in der Hebelwirkung: Makler wie Buckmaster & Moore verlangten als Sicherheit nur einen Einschuss von 10 Prozent, so dass man mit 5.000 Pfund Einsatz auf Devisen im Wert von 50.000 Pfund spekulieren konnte.

Keynes legte seinen Anlageentscheidungen Prognosen als Ergebnis eigener langfristiger ökonomischer Analysen zugrunde und kaufte Dollar, Norwegische und Schwedische Kronen sowie Indische Rupien. Auf der Gegenseite verkaufte er Französische Franc, Gulden, Lira und Mark. Der Beginn war blendend und am 2. Januar 1920 hatte Keynes Gewinne über 6.154 Pfund realisiert. Übermütig schrieb er seiner Mutter: „Geld ist ein lustiges Ding – es scheint unmöglich zu glauben, dass es unserem gegenwärtigen System erlaubt wird, noch sehr lange so weiterzumachen. Als Frucht eines kleinen Zusatzwissens und einer bestimmten Erfahrung kommt Geld einfach (und in jederlei Hinsicht unverdient) ins Haus geflossen."

Keynes' Erfolg verlockte Verwandte, Kollegen und Freunde, sich ihm anzuschließen. Ende Januar 1920 gründeten sie ein sogenanntes Syndikat, das 30.000 Pfund mobilisierte. Wegen der Hebelwirkung ließen sich damit am Terminmarkt Devisen im Wert von 300.000 Pfund erwerben, was angesichts der geringen Umsätze in einzelnen Märkten eine nennenswerte Summe war. Die Spekulation ließ sich wieder hervorragend an, Ende Februar 1920 hatte das Syndikat Gewinne von 8.643 Pfund realisiert und außerdem noch unrealisierte Gewinne von 18.525 Pfund in den Büchern. Geoffrey Keynes schrieb seinem älteren Bruder begeistert: „Meine Dankbarkeit Dir gegenüber wächst ebenso wie mein Kapital in einer geometrischen Reihe." John Maynard Keynes fuhr daraufhin mit Freunden für mehrere Wochen nach Italien, wo er sich eine „Shopping-Orgie" leistete, wie er seiner Mutter mitteilte. Seinem Vater Neville schrieb er: „Gewinn oder Verlust – diese Wetten mit hohem Einsatz machen mir Spaß." Keynes senior, der in allen Quellen als ein sehr ängstlicher Mann geschildert wird, dürfte um sein Geld gefürchtet haben.

Nicht zu Unrecht. Denn als sein ältester Filius nach London zurückkehrte, stand das Kartenhaus der Spekulation unmittelbar vor dem Einsturz. Keynes hatte die langfristige Entwicklung der Wechselkurse völlig richtig eingeschätzt, aber kurzfristig verhielten sie sich ganz anders. So begann der Kurs der Mark, auf deren Baisse Keynes gesetzt hatte, im Frühjahr 1920 eine mehrmonatige Zwischenerholung. Als die Buchverluste zu groß wurden, setzte der Makler Keynes die Pistole auf die Brust: Das Syndikat müsse zusätzliches Geld als Sicherheit einschießen oder die Position mit Verlust sofort liquidieren. Zusätzliches Geld war nicht vorhanden, also wurde das Syndikat mit einem Verlust von 22.573 Pfund aufgelöst. Und Keynes war um eine wichtige Erkenntnis reicher: „Der Markt kann sich länger irrational verhalten als man selbst zahlungsfähig bleibt."

Der Ökonom Keynes betrachtete Devisenterminmärkte damals nicht als Spielkasinos, sondern als gesamtwirtschaftlich sinnvolle Institutionen. Denn sie boten Unternehmen, die in der Zukunft grenzüberschreitend Güter kaufen oder verkaufen wollten, die Möglichkeit, das Geschäft im Vorhinein zu einem festen Kurs abzuschließen und damit Risiken zu vermeiden. Für solche Unternehmen bedeutete gerade der Verzicht auf Termingeschäfte Spekulation, während der Abschluss eines Termingeschäfts Sicherheit verhieß. Private Spekulanten wie Keynes sorgten lediglich für zusätzliche Liquidität in den Markt. Wegen ihres gesamtwirtschaftlichen Nutzens schlug der Brite in seinem *Traktat über Währungsreform* auch anderen Ländern vor, Devisenterminmärkte zu etablieren.

Als Kapitalanleger reagierte Keynes nach dem Debakel vom Frühjahr 1920 unverdrossen, lieh wieder Geld und gründete mit Geschäftspartnern neue Syndikate, die nicht nur mit Devisen spekulierten, sondern auch mit Rohstoffen wie Baumwolle, Metallen und Zucker. Daneben blieb Keynes immer in Aktien investiert. Obgleich er in den folgenden Jahren ein paar Freunden und Verwandten deren Verluste von 6.700 Pfund zurückzahlte, verfügte er Ende 1924 über ein Vermögen von 57.797 Pfund. Das war nicht schlecht. Und dennoch schnitt Keynes über die gesamten zwanziger Jahre unbefriedigend ab, denn die Rendite seines privaten Depots blieb unter der eines repräsentativen Aktienindex. Dafür waren sehr riskante, oft schuldenfinanzierte Geschäfte verantwortlich, aber auch die Tatsache, dass er im Börsenkrach des Jahres 1929 rund 80 Prozent Verlust machte. Nur zwei Jahre zuvor hatte er Somary versichert: „Es kommt keine Krise mehr in unserer Zeit. Ich halte den Markt für sehr interessant und die Preise für niedrig." Kurz danach spekulierte Keynes am Terminmarkt auf steigende Kautschukpreise. Bald darauf schaffte die Regierung in London Exportbeschränkungen für Kautschuk aus den Kolonien ab, worauf der Preis wie ein Stein fiel und Keynes nahezu ruiniert war.

Der von den Rückschlägen der zwanziger Jahre als Anleger enttäuschte Brite verabschiedete sich von der Idee, mit einem geschickten Timing an der Börse vom Auf und Ab der Konjunktur zu profitieren: „Mir ist jetzt klar, dass solche Umschichtungen aus mehreren Gründen nicht praktikabel und unerwünscht sind." Denn sie verlangten eine „anormale Voraussicht." Mit einem Vermögen von 7.815 Pfund stand Keynes Ende der zwanziger Jahre nicht wesentlich besser da als zu Beginn des Jahrzehnts. Zwei Jahre später versuchte er verzweifelt, zwei der wertvollsten Bilder seiner Gemäldesammlung zu verkaufen. Doch weder für Matisses „Déshabillé" noch für Seurats „Study" fand er einen Käufer zu einem akzeptablen Preis.

Keynes' große Zeit als Kapitalanleger waren die dreißiger Jahre, und das erscheint umso bemerkenswerter, als dies die Zeit der Weltwirtschaftskrise war. Der Brite hatte seine Anlagestrategie grundlegend geändert. Anstelle gesamtwirtschaftlicher Analysen beschloss er, Aktien als Ergebnis präziser Unternehmensanalysen zu kaufen und langfristig zu halten. Sein neues Credo lautete: „Ich werde im Laufe der Zeit immer überzeugter, dass die richtige Form der Kapitalanlage darin besteht, recht große Beträge in Unternehmen zu investieren, von denen man denkt, etwas zu verstehen und deren Management man vollständig vertraut. Es ist ein Fehler zu denken, man begrenze sein Risiko, indem man sein Geld zu sehr auf Unternehmen verteilt, von denen man wenig weiß und denen man nicht richtig vertraut. Eigenes Wissen und Erfahrung sind definitiv begrenzt und es gibt selten mehr als zwei oder drei Unternehmen, in die ich zu einem Zeitpunkt volles Vertrauen setze." Kurz gesagt: Er suchte Aktien, die gemessen an ihrem Ertragspotential unterbewertet waren, und davon gab es in der Weltwirtschaftskrise nicht wenige, wenn man nur Geduld mitbrachte. Viel später würde sich Warren Buffett einer ähnlichen Strategie verschreiben.

Dagegen vertraute Keynes der heute als Portfoliotheorie geadelten Idee nicht, Eier auf viele verschiedene Körbe zu verteilen, weil der Anleger zu großes Wissen brauche: „Seine Eier auf eine große Zahl von Körben zu verteilen, ist der sicherste Weg zu wachsenden Risiken und Verlusten, wenn man nicht die Zeit oder die Gelegenheit besitzt herauszufinden, wie viele Körbe in ihrem Boden Löcher haben." Vor diesem Problem steht noch heute nahezu jeder Fondsmanager. Stattdessen versuchte Keynes innerhalb eines wenige Werte umfassenden Portfolios, Risiken zu reduzieren. So kaufte er Minenaktien, weil diese Papiere sich historisch anders verhalten hatten als Industrieaktien. Ansonsten investierte er besonders in die britische Automobilindustrie (Austin und Leyland), in die Flugzeugindustrie und in amerikanische Versorger. Außer in London unterhielt er ein Depot in New York, wo seine Gewinne in den dreißiger Jahren ganz überwiegend entstanden. Er verachtete das Telefon als Ruhestörer; die einzigen Personen, mit denen er unablässig telefonierte, waren Makler in London und New York.

Mehrere Autoren haben konstatiert, Keynes sei in den dreißiger Jahren vom Spekulanten zum Kapitalanleger gereift. Das stimmt, aber dennoch war er immer noch bereit, hohe Risiken einzugehen. Er spekulierte weiterhin kurzfristig mit Aktien und Rohstoffen, und einmal ließ er allen Ernstes das Fassungsvermögen der Kapelle von *King's College* in Cambridge ausmessen, weil er erwog, sich in einem Termingeschäft physisch Getreide ausliefern zu lassen. Die Kapelle ist nicht gerade klein, immerhin beinhaltet sie das größte Fächergewölbe der Welt. „Ich wollte, ich wüsste, inwieweit Leinsamenöl und Baumwollöl Substitute sind", schrieb er einmal seinem Schüler Richard Kahn vom Krankenbett. „Aber es ist ein reines Spiel und sollte keine Zeit binden, die man mit ernsthafter Arbeit verbringen kann."

Die Warenterminmärkte waren eines der Steckenpferde von Keynes, die er auch in seinen späten Jahren in ökonomischen Arbeiten ausführlich analysierte. Darin kam er zu dem Ergebnis, dass die außerordentlich hohen Preisausschläge an diesen Märkten im Wesentlichen wegen der niedrigen Lagerbestände sowie wegen der Abneigung vieler Produzenten und Konsumenten, sich gegen Preisrisiken an Terminmärkten abzusichern, erklärbar waren. Gut informierten Spekulanten an den Terminmärkten gelang es immer wieder, solche Preistrends zu antizipieren und mit ihren Geschäften noch zu verstärken.

Da Keynes kurzfristige starke Preisausschläge an Rohstoffmärkten aus gesamtwirtschaftlicher Sicht für schädlich hielt – in der aktuellen Finanzkrise ist darüber wieder eine Debatte entstanden, nachdem der Preis für ein Barrel Rohöl im Jahre 2008 bis auf 158 Dollar gestiegen war –, befürwortete er in mehreren Arbeiten aus seinen Spätjahren die Bildung von Reservelagern durch Regierungen. Dieses Konzept der sogenannten *buffer-stocks* wurde auch in den Nachkriegsjahren lebhaft diskutiert, und nicht wenige Industrienationen unterhalten zumindest für Öl und Gas heute strategische Reserven.

Keynes' Risikobereitschaft belegt auch seine Neigung, weiterhin mit geliehenem Geld zu spekulieren. Ende 1936 hatte er neben einem Nettovermögen von umgerechnet knapp 30 Millionen Euro außerdem noch mit Kredit finanzierte Wertpapiere über fast 300.000 Pfund in seinen Büchern – das entspräche heute etwa 15 Millionen Euro! Als die Kurse danach einbrachen, musste Keynes mit Verlust verkaufen, um die Kredite zurückzuzahlen. Nach Ansicht seiner Frau trugen schwere Sorgen über sein Vermögen dazu bei, dass Keynes nach seinem Herzinfarkt im Jahre 1937 überaus lange brauchte, um sich zu erholen. Ganz der Alte wurde er nie mehr.

Die psychologischen Momente der Kapitalanlage beschäftigten ihn immer noch, wie die berühmte Passage über den Schönheitswettbewerb in seiner *Allgemeinen Theorie* belegt. Dort schrieb er, dass es an der Börse wie bei einem Schönheitswettbewerb zugehe: Es komme nicht auf den eigenen Favoriten an, sondern man müsse wissen, wer der Favorit der Mehrheit der Teilnehmer sei. In dem Gleichnis verbirgt sich auch eine Begründung, warum es an Finanzmärkten zu Haussen und Baissen kommen kann, deren Ausmaß mit Rückgriff auf Wirtschaftsdaten nicht erklärbar ist: Weil die Menschen das tun, was andere tun, kommt es zu einem Herdenverhalten. Technisch ausgedrückt: Finanzmärkte sind nicht immer effizient. Damit hatte Keynes ein Thema angesprochen, das in der modernen Theorie gerade angesichts einer schweren Krise heiß diskutiert wird.

So war er sich der Möglichkeit einer gesamtwirtschaftlichen Destabilisierung durch Spekulationswellen bewusst, für die nicht zuletzt Profis verantwortlich sind: „Spekulanten mögen so lange keinen Schaden anrichten, wie sie Blasen auf dem steten Strom des Geschäftslebens gleichen, aber die Angelegenheit wird ernst, wenn das Geschäftsleben sich zur Blase auf einem Strudel der Spekulation entwickelt. Wenn die Kapitalbildung eines Landes zum

Nebenprodukt der Geschäfte eines Kasinos wird, droht die Sache schiefzugehen."

Der anschließende Satz, ebenfalls im Jahre 1936 geschrieben, könnte eine Anmerkung zur aktuellen Krise sein: „Wall Street, als Institution betrachtet, deren eigentlicher sozialer Zweck die Leitung neuer Investitionen in die einträglichsten Verwendungen, gemessen am erwarteten Ertrag, ist, kann nicht Anspruch darauf erheben, dass der von ihr erreichte Erfolgsgrad ein hervorstechender Triumph des *Laissez-faire*-Kapitalismus ist – was nicht überraschend ist, wenn meine Annahme zutrifft, dass die besten Köpfe der Wall Street in der Tat auf eine andere Aufgabe gerichtet sind." Gemeint ist mit der „anderen Aufgabe", dass die besten Köpfe der Wall Street sich lieber kurzfristigen Spekulationen widmeten. Um die „Vorherrschaft der Spekulation über die Unternehmungslust in den Vereinigten Staaten" abzuschwächen, befürwortete Keynes die Erhebung einer spürbaren Börsenumsatzsteuer.

Auf die Frage einer Londoner Regierungskommission, warum die Kurse gerade in New York so stark ausschlügen, gab Keynes die legendäre Antwort: „Weil in Amerika das Gras langsam wächst." Auf ungläubige Nachfragen, wie er das meine, erklärte der Börsenexperte aus Cambridge mit todernster Miene: Da in England das Gras schnell wachse, gäbe es dort viele prächtige Pferde. Und weil man mit diesen prächtigen Pferden so spannende Rennen organisieren könne, investierten die spielfreudigen Engländer ihr Geld lieber in Pferderennen als an der Börse. Wenn die spielfreudigen Amerikaner ihr Geld an der Börse investierten, könne das nur bedeuten, dass es dort keine für Pferderennen geeigneten Tiere gäbe, und das wäre nur mit einem langsamen Wachstum des Grases erklärbar. Wie die Mitglieder der Kommission auf diese „Erklärung", die wohl eher Ausdruck britischen Humors war, reagierten, ist leider unbekannt. In der *Allgemeinen Theorie* schrieb Keynes dann ausdrücklich, dass die Unterschiede zwischen der Wall Street und London weniger durch den Volkscharakter erklärbar seien, sondern zum Beispiel durch niedrigere Handelskosten an der Wall Street (kleinere Abstände zwischen Kauf- und Verkaufskursen, niedrigere Maklergebühren und Steuern).

Keynes freilich wollte nie Mitglied einer Herde sein. Er nutzte – Solitär, der er war – Wissen nicht, um mit dem Strom zu schwimmen, sondern um das genaue Gegenteil zu tun: „Die Kapitalanlage ist der eine Bereich im Leben, wo Sieg, Sicherheit und Erfolg immer der Minderheit gehören und nicht der Mehrheit. Wenn Sie jemanden finden, der Ihnen zustimmt, sollten Sie ihre Meinung ändern. Wenn ich den Vorstand meiner Versicherungsgesellschaft davon überzeugen kann, eine bestimmte Aktie zu kaufen, dann, so weiß ich aus Erfahrung, ist es an der Zeit, sie zu verkaufen." Die Strategie der „gegenläufigen Meinung", also sich gegen die Mehrheitsmeinung an der Börse zu stellen, ist noch heute verbreitet.

Insgesamt gelangte Keynes, der Kapitalanleger, bravourös, wenn auch mit großen Schwankungen, durch die Weltwirtschaftskrise und den Zweiten Weltkrieg. Hatte sein Vermögen Ende 1929 nur 7.815 Pfund betragen, so erreichte es im Jahre 1936 mit 506.522 Pfund seinen Höchststand. In der anschließenden Börsenkrise brach der Depotwert bis auf rund 200.000 Pfund ein. Ende 1945 betrug sein Vermögen 411.238 Pfund, was auf aktuelle Verhältnisse umgerechnet rund 30 Millionen Dollar oder 22 Millionen Euro entsprechen würde. Dieser Betrag stammte ganz überwiegend aus seinen Kapitalanlagen.

Für einen Mann, der knapp 30 Jahre zuvor mit wenig Geld an der Börse angefangen hatte, war das eine beeindruckende Leistung. Nicht zuletzt wurde Keynes damit ein Bruder im Geiste des größten Gelehrten, der jemals in Cambridge gelebt hatte: Isaac Newton. Über den berühmten Physiker hatte Keynes kurz vor seinem Tode in einem Essay berichtet: „Er war sehr erfolgreich in der Anlage von Vermögen, überstand die Krise der Südsee-Blase und starb als ein reicher Mann."

Aktien in der Truhe

In *King's College* wird John Maynard Keynes bis heute außerordentlich geschätzt, und dies nicht nur wegen seiner Bedeutung als Ökonom: Keynes hat als langjähriger Schatzmeister das Vermögen erheblich vermehrt. Nach dem Zweiten Weltkrieg setzte Richard Kahn die erfolgreiche Anlagepolitik seines Lehrers fort. Keynes wurde 1919 Zweiter und 1924 Erster Schatzmeister *(Bursar)* von *King's College* und damit für die Vermögensanlage zuständig. Die Colleges waren bis dahin veranlasst, ihr Geld vor allem sicher anzulegen und daher überwiegend in Grundbesitz und Anleihen investiert. Keynes befürwortete eine aktivere Anlagepolitik, in der die bis dahin verschmähte Aktie eine größere Rolle spielen sollte.

Die Leitung des Colleges untersagte ihm zwar, das gesamte Vermögen auf seine Weise zu verwalten. Aber auf einen Teil des Geldes, das in einem Fonds namens *Chest* (Truhe) gebündelt wurde, erhielt er nahezu freien Zugriff. *Chest* wurde 1921 aufgelegt, aber erst ab 1925 liegen detaillierte Angaben vor. Die Bedeutung von *Chest* innerhalb des Gesamtvermögens nahm zu Keynes' Zeit dramatisch zu: Entfielen im Jahre 1925 nur 18 Prozent des Gesamtvermögens (ohne Immobilien) von 355.000 Pfund auf den Sonderfonds, so betrug im Jahre 1945 der Anteil 44 Prozent von einem Gesamtvermögen von knapp 1,1 Millionen Pfund. Dabei gilt es zu berücksichtigen, dass der Fonds eingenommene Dividenden und Zinsen nicht reinvestierte, sondern für universitäre Belange dem College zur Verfügung stellte.

Chest profitierte von Keynes' Vorliebe für Aktien; dagegen investierte er keine Universitätsgelder in Termingeschäfte, und auch kreditfinanzierte Wertpapierkäufe waren tabu. Die Aktienquote betrug meist 80 bis 100 Prozent; nur in den frühen dreißiger Jahren, als der Aktienmarkt in Trümmern lag, überschritt der Anteil von Staatsanleihen kurzzeitig die Marke von 50 Prozent. Keynes investierte anfangs überwiegend in britische Aktien; im Laufe der dreißiger Jahre nahm der Anteil amerikanischer Aktien jedoch zu.

Wie der Privatinvestor Keynes interessierte sich auch der Schatzmeister Keynes nicht für einen Aktienindex als Referenz. Stattdessen bildete er klare Schwerpunkte. Obgleich zu seiner Zeit das Gewicht der Eisenbahnaktien an der Londoner Börse zwischen 45 und 60 Prozent betrug, besaß *Chest* in seinem Bestand britischer Dividendentitel fast keinerlei Eisenbahnaktien. Dafür investierte Keynes überwiegend in Industriewerte sowie in Öl- und Minenaktien, die für den Londoner Gesamtmarkt keine bedeutende Rolle spielten. Gemessen an der Rendite über mehr als 20 Jahre zeigt *Chest* John Maynard Keynes als außerordentlich erfolgreichen Vermögensverwalter.

Daneben organisierte der Brite den Grundbesitz des Colleges neu. *King's* besaß weitverstreute Liegenschaften in mehreren Teilen Englands, die kaum Rendite erbrachten. Keynes verkaufte diesen Boden und investierte einen Teil der Erlöse in Immobilien in der Londoner City. So weit bekannt, erwies sich diese Entscheidung als glücklich.

Mit dem verbleibenden Erlös kaufte er 1.200 Hektar Bauernland in der nördlich von Cambridge gelegenen Grafschaft Lincolnshire, das im Auftrag des Colleges bewirtschaftet wurde. Auch wenn keine Zahlen vorliegen, scheint sich der Versuch, ertragreich Landwirtschaft zu betreiben, nicht gelohnt zu haben. Nach Keynes' Tod verkaufte *King's* das Ackerland wieder. Insgesamt aber durfte man mehr als zufrieden sein, wie der Keynes-Schüler Austin Robinson zusammenfasste: „Er hinterließ *King's College* mit finanziellen Hilfsmitteln, die fast zum ersten Male seinem großen baulichen und geistigen Erbe entsprachen."

Schlechtes Timing

Weniger beeindruckend verlief die Arbeit von Keynes für große Finanzhäuser in der Londoner City. Seine Laufbahn als Finanzberater verdankte er zum Teil seinem Bekannten Oswald Toynbee („Foxy") Falk, einem Partner des Börsenmaklers Buckmaster & Moore. Falk und Keynes arbeiteten trotz zwischenzeitlicher Verstimmungen über mehr als zwei Jahrzehnte zusammen. „Foxy" wird als ein selbstbewusster Mann mit einer Neigung zu waghalsigen Kapitalanlagen geschildert, der als Makler Privatkunden nur dann betreuen wollte, wenn er von diesen völlig freie Hand erhielt. „Diese Privatkunden waren danach entweder steinreich oder bankrott", schilderte ein Zeitgenosse.

Keynes trat 1919 in den Aufsichtsrat der Versicherung National Mutual Life Assurance Company ein. „Anstelle lokaler Obskurität erfreute sich das Unternehmen danach nationaler Prominenz", schrieb der Wirtschaftsjournalist Nicholas Davenport. Zwei Jahre später übernahm Keynes den Vorsitz trotz etwas merkwürdiger Ideen: „Eine Lebensversicherung sollte nur eine Anlageform besitzen, diese aber jede Woche ändern." Das Unternehmen folgte nicht diesem Rat, nahm aber Keynes' Idee auf, auch Aktien zu kaufen. Üblicherweise kauften Versicherungen damals Anleihen oder Hypotheken. Keynes blieb Aufsichtsratschef bis 1938. Im Jahre 1923 trat Keynes zudem in die Leitung der Versicherung Provincial Insurance Company ein; außerdem beriet er mehrere Unternehmer. Die National Mutual Life sowie die Provincial kamen nicht ungerupft durch die Krise der dreißiger Jahre, aber sie schnitten immer noch besser ab als andere Projekte.

Mit Falk gründete Keynes in den frühen zwanziger Jahren drei Investmentgesellschaften, in denen Falk, soweit die Quellen Schlüsse erlauben, die Tagesgeschäfte führte. Falk kam auf die unglückliche Idee, im Jahre 1928 Aktien zu verkaufen, als die große Hausse noch bevorstand. Dafür stieg er kurz vor dem Börsenkrach 1929 mit hohen Beträgen in den New Yorker Aktienmarkt ein. Aber auch Keynes agierte damals nicht erfolgreicher.

Die drei Investmentgesellschaften bewährten sich nicht. Der vor allem für frühere Kollegen aus dem Finanzministerium gegründete A.D. Investment Trust ging zu Beginn der Weltwirtschaftskrise unter; allerdings war Keynes schon 1927 ausgestiegen. Die P. R. Finance Company, in der unter anderem Verwandte und Freunde Geld angelegt hatten und in der Keynes Termingeschäfte auf Rohstoffe in den Sand gesetzt hatte, musste im Herbst 1931 nahezu mit einem Totalverlust aufgelöst werden.

Und dann existierte noch die Independent Investment Company, die ebenfalls in die Krise geriet. 1931 gaben Keynes und Falk das Management auf Drängen der Anleger in fremde Hände weiter, worauf sich das Unternehmen langsam wieder erholte. In der „City" wurde Keynes Missgeschick nicht ohne Häme verfolgt, da sich der selbstbewusste Ökonom häufig abwertend über Banker geäußert hatte. Einem führenden Vertreter der City hatte Keynes einmal in einer Sitzung an den Kopf geworfen: „Sie sind nicht nur pompös, sondern besitzen im Unterschied zu Ihrem Bruder nicht einen Funken Verstand."

SELBSTBILD EINES ÖKONOMEN

„Warum sind alle Ökonomen verrückt?"
John Maynard Keynes in einem Brief an seine Frau Lydia

Nachdem wir John Maynard Keynes in unterschiedlichen Rollen kennengelernt haben, können wir nun sein Bild eines guten Ökonomen erstellen. Am deutlichsten hat er es in seinem Nachruf auf seinen Lehrer Alfred Marshall beschrieben: „Das Studium der Ökonomik scheint keine spezialisierten Gaben einer höheren Ordnung zu verlangen. Ist es aus intellektueller Sicht im Vergleich mit den höheren Zweigen der Philosophie und der reinen Wissenschaften nicht ein sehr einfaches Gebiet? Und doch zählen gute oder auch nur kompetente Ökonomen zu den seltensten Vögeln. Ein einfaches Gebiet, auf dem sich nur wenige auszeichnen!

Das Paradox findet vermutlich seine Erklärung darin, dass ein Meisterökonom eine seltene Kombination aus seltenen Gaben besitzen muss. Er muss einen hohen Standard in mehreren verschiedenen Richtungen erreichen und Talente miteinander kombinieren, die man nicht oft zusammen findet. Er muss Mathematiker, Historiker, Staatsmann, Philosoph sein – bis zu einem gewissen Grad. Er muss Symbole verstehen und in Worten sprechen. Er muss das besondere im Zusammenhang mit dem Allgemeinen begreifen, und Abstraktes wie Konkretes im selben Gedankengang ertasten. Er muss die Gegenwart im Lichte der Vergangenheit studieren für die Zwecke der Zukunft. Kein Teil der menschlichen Natur oder seiner Institutionen darf sich völlig außerhalb seines Blickes befinden. Er muss zielgerichtet und uninteressiert in einem sein; so abgehoben und unbestechlich wie ein Künstler, aber manchmal ebenso dem Erdboden nahe wie ein Politiker."

Eine anspruchsvolle Stellenbeschreibung! Der studierte Mathematiker Keynes warnte ebenso wie sein Lehrer Marshall davor, der Mathematik eine zu bedeutende Rolle in der Ökonomik zuzuweisen, obgleich er deren Faszination für viele junge Studenten sah. Denn die in der Ökonomik verwendete Mathematik ist, aus der Sicht eines Mathematikers, sehr einfach und daher nicht allzu schwer zu erlernen. Auf diese Weise bereite sie dem Studenten die „Freude, Konstruktionen in reiner Form" zu erfassen, die aus der Sicht von Keynes vor allem „Spielzeugsteine in deren Händen" sind. Keynes führte dagegen das Beispiel des deutschen Physikers und Nobelpreisträgers Max Planck an, des Schöpfers der Quantentheorie.

Planck hatte Keynes erzählt, in seiner Jugend ein Studium der Ökonomik erwogen zu haben, doch habe er das Fach als zu kompliziert empfunden, obgleich die in der Ökonomik verwendete Mathematik für ihn nur ein Kinderspiel gewesen wäre. Keynes folgerte daraus, dass das von einem guten Ökonomen verlangte „Amalgam aus Logik und Intuition und die breite Faktenkenntnis, von denen viele nicht präzise" seien, selbst für manche hochintelligenten Menschen eine hohe Zugangshürde bildeten.

Für Keynes bestand die wichtigste Aufgabe des Ökonomen nicht darin, reine Theorie zu betreiben, sondern dabei zu helfen, das Dasein der Menschen durch Vorschläge zur Lösung konkreter Probleme zu verbessern. Die Ökonomik war in Cambridge fester Bestandteil der Moralwissenschaften gewesen, und auch, nachdem Marshall im Jahre 1903 die Ökonomik als eigenen Studiengang etabliert hatte, sah er sie immer noch in ihrer alten Heimat verankert. Marshall hatte in seiner Antrittsrede in Cambridge angekündigt, er sehe sein höchstes Ziel darin, die Zahl der Absolventen zu vergrößern, die aus der Universität in die Welt gingen, um ihre Kraft zu nutzen, die „sozialen Leiden um sie herum" anzupacken, damit die Menschen die materiellen Voraussetzungen für ein „kultiviertes und nobles Leben" erhielten.

In dieser Tradition sah sich Keynes, auch wenn er anders als Marshall nie auf die Idee kam, sich in den Industrierevieren das Leben der Arbeiter anzuschauen und er wenig sozialpolitisches Engagement entwickelte. Dafür war Keynes' ökonomisches Denken durch den Philosophen Moore und seine Freunde aus Bloomsbury beeinflusst, aber auch hier existiert eine interessante Parallele zu Marshall.

Denn Keynes' Lehrer betrachtete wirtschaftliche Armut nicht alleine als ein ökonomisches Phänomen, sondern als ein Hindernis auf dem Weg zur Lebensqualität, verstanden als kulturelle und moralische Weiterentwicklung des Menschen. „Diese Auffassung zeigt eine Verwandtschaft mit dem Kunstverständnis der Präraffaeliten, die der englischen Kunst eine Richtung gaben, welche sich von der kontinentaleuropäischen Entwicklung hin zur Ungegenständlichkeit stark unterschied", schrieb der Ökonom Andreas Jäger. Die Präraffaeliten waren eine kapitalismuskritische Gemeinschaft von Malern in der Mitte des 19. Jahrhunderts, die Einfluss auf die Kunstdiskussion in England erlangten.

Von Marshall übernahm Keynes daneben dessen Trennung von kurz- und langfristigen Analysen sowie die sogenannte Partialanalyse, das ist die Analyse einzelner Märkte anstelle des von dem Franzosen Léon Walras stammenden Verfahrens, die gesamte Volkswirtschaft in einem Modell zu komprimieren („Totalanalyse"). In Keynes' Werk finden sich nur wenige mathematische Ableitungen und die Verwendung von Grafiken war ihm geradezu verhasst.

Keynes war ein von Intuition geprägter Ökonom. Hieraus leitete sich seine Skepsis gegenüber einer unkritischen Verwendung der Statistik und der Ökonometrie ab, obgleich er in seinen späten Jahren die Gründung eines Instituts für empirische Wirtschaftsforschung in Cambridge förderte. Statistiken nutzte er, um an ihnen seine intuitiven Überlegungen zu überprüfen, aber ein Problem bestand in der geringen Verfügbarkeit aussagefähiger Statistiken zu seiner Zeit. Verlässliche Berechnungen des britischen Bruttoinlandsprodukts gab es erst nach dem Ersten Weltkrieg, aber heute selbstverständliche Berechnungen vieler wichtiger Wirtschaftsdaten wurden erst nach dem Zweiten Weltkrieg angestellt – nicht zuletzt als Folge der *Allgemeinen Theorie*. Die in den dreißiger Jahren sich langsam herausbildende Ökonometrie, das ist die Kombination aus mathematischen Methoden und statistischen Daten zu dem Zweck, die Eignung theoretischer Modelle empirisch zu überprüfen, sah Keynes distanziert. Unter anderem führte er einen Grund an, den heute jeder Ökonom kennt, den aber kaum jemand mit dem Namen Keynes verbindet.

Ökonometrische Untersuchungen beruhen auf der Analyse von Daten aus der Vergangenheit. Keynes warnte davor, aus der Vergangenheit zu verwegene Schlüsse auf die Zukunft zu ziehen. Denn falls sich die Rahmenbedingungen änderten, in denen die Menschen wirtschaften, zum Beispiel durch einen Politikwechsel, ändert sich möglicherweise auch das Verhalten der Menschen, und dann gelten frühere Erkenntnisse nicht mehr. Diese These wurde mit erheblicher Wirkung in den siebziger Jahren von dem Amerikaner Robert Lucas (Nobelpreis 1995) formalisiert und popularisiert, und daher heißt sie „Lucas-Kritik". Diese Kritik hat die Bedeutung der Ökonometrie jedoch nicht geschmälert, sondern zur Entwicklung neuer theoretischer Modelle geführt, die gegen diese Kritik immun sind. Die praktische Nützlichkeit dieser sehr abstrakten Modelle, die zum Standard innerhalb der Zunft geworden sind, wird seit der aktuellen Wirtschafts- und Finanzkrise kritischer hinterfragt als früher.

Keynes war kein umfassend gebildeter Ökonom; dazu fehlten ihm angesichts seiner zahlreichen anderen Tätigkeiten die Zeit und wohl auch die Neigung. Mit dem Stand der wissenschaftlichen Literatur seiner Zeit war er nicht immer angemessen vertraut. Das erklärte sich zum Teil auch mit Sprachbarrieren, da damals nicht jeder Ökonom in englischer Sprache publizierte. Wichtige Arbeiten schwedischer Wissenschaftler wie Knut Wicksell erschienen in deutscher Sprache, die Keynes zwar passabel, aber nicht sehr gut beherrschte. Außerdem existierte damals keine globale Vernetzung durch ein Internet; und anders als in den vergangenen Jahrzehnten wurden neue Erkenntnisse nicht nahezu ausschließlich mittels Aufsätzen kommuniziert, sondern manchmal auch durch dicke Bücher, die aber nicht notwendigerweise gelesen wurden.

Keynes hielt sich hauptsächlich durch die jahrzehntelange Herausgeberschaft der Fachzeitschrift *Economic Journal* fit; eine Tätigkeit, die er sehr ernst nahm. Er scheute auch nicht davor, in seiner Zeitschrift eigene Artikel abzudrucken, was einem Verstoß gegen die guten Sitten glich. Ökonomik war für Keynes aber vor allem das, was sich in Cambridge abspielte.

Außer von Alfred Marshall wurde Keynes stark von dem Werk des britischen Ökonomen Thomas Malthus beeinflusst, der mehr als jeder andere Ökonom dazu beigetragen hat, dass die Ökonomik im 19. Jahrhundert den Ruf einer *dismal science,* einer trostlosen Wissenschaft, erlangte. Die bekannteste These von Malthus, die er im Jahre 1798 in seinem *Essay on the Principle of Population* vorgestellt hatte, war in der Tat düster. Malthus behauptete, die menschliche Bevölkerung werde mit einer schnelleren Rate wachsen als die Nahrungsmittelproduktion. Die daraus folgende Tendenz zur Überbevölkerung werde dafür sorgen, dass die meisten Menschen nur zu einem Lohn arbeiten könnten, der ihnen gerade das Überleben sichere, aber nicht mehr.

Als die britische Bevölkerung in den zwanziger Jahren des 20. Jahrhunderts rasch wuchs, propagierte Keynes für die Liberale Partei eine Bevölkerungspolitik, die unter anderem die Ermutigung zum Gebrauch von Verhütungsmitteln vorsah. In den dreißiger Jahren ging die Geburtenrate deutlich zurück, worauf er eine finanzielle Unterstützung für Familien als Anreiz für mehr Kinder vorschlug. Bevölkerungspolitik ist ein sensibles Thema, aber sie wird noch heute in der einen oder anderen Form betrieben; sei es durch finanzielle und andere Anreize in Industrienationen, mit der eine Steigerung der niedrigen Geburtenraten angeregt werden sollen, oder sei es in Form der Propagierung der Ein-Kind-Familie in China, um das Bevölkerungswachstum zu bremsen. Nicht jeder ändert seine Ansichten so schnell wie Keynes.

Eine wichtige These von Malthus bestand in der Möglichkeit einer Wirtschaftskrise durch Nachfragemangel, dessen Ursache aus zu geringem gesamtwirtschaftlichen Konsum oder, spiegelbildlich, zu hoher gesamtwirtschaftlicher Ersparnis besteht. Die herrschende Lehre zu Malthus' wie zu Keynes' und wie in unserer Zeit (jedenfalls bis zum Ausbruch der aktuellen Krise im Jahre 2007) hält Krisen aus gesamtwirtschaftlichem Nachfragemangel allenfalls kurzfristig für möglich und dann auch nur als ein nicht allzu ernstzunehmendes Phänomen. Die herrschende Doktrin bleibt das Saysche Theorem, wonach sich jedes Angebot seine Nachfrage schafft (Kapitel II, 1). Keynes betrachtete dies, in der Tradition von Malthus stehend, als einen schweren Irrtum.

Keynes' Spezialgebiet bildete die Rolle des Geldes in einer durch Unsicherheit über die Zukunft gekennzeichneten Wirtschaft. Hier wurde er von einem Traditionalisten, der durch das Geld vor allem das Preisniveau von Gütern, aber kaum die Produktion von Gütern und damit die Beschäftigung beeinflusst sah, zu einem Neuerer. In der *Allgemeinen Theorie* werden Produktion und Beschäftigung und damit Wirtschaftswachstum und Krise durch die Verwendung des Geldes für Konsum, Ersparnis und Investition bestimmt. Da Keynes in seiner Analyse im Unterschied zur gebräuchlichen Praxis mit Aggregaten wie der gesamtwirtschaftlichen Ersparnis, dem gesamtwirtschaftlichen Konsum und den gesamtwirtschaftlichen Investitionen operierte, gilt er als Schöpfer der *Makroökonomik,* eines Zweigs der Ökonomik, der nach dem Zweiten Weltkrieg erheblich an Bedeutung gewann, nicht zuletzt, weil sich auf ihrer Basis Politikberatung betreiben ließ.

Eine genaue Analyse (Laidler 1999) der Zwischenkriegszeit kommt zwar zu dem Schluss, dass Keynes viel weniger originell war, als er vielleicht selbst dachte. Aber er war es, der die damaligen Strömungen in seiner *Allgemeinen Theorie* zu einem Gesamtentwurf machte. Für andere Zweige der ökonomischen Theorie, sei es zum Beispiel Werttheorie oder Marktformenlehre (die in den dreißiger Jahren in Cambridge populär war), interessierte er sich kaum.

Dabei hatte Keynes mit seiner *Allgemeinen Theorie* überhaupt nicht beansprucht, eine bis ins Detail ausgearbeitete Theorie vorzulegen. Vielmehr ging es ihm darum, ein paar klare Aussagen zu treffen. Vor und nach der Veröffentlichung des Buches betonte er, die Ausarbeitung der Details sei die Sache anderer Ökonomen, wobei er wohl vor allem an junge Fachvertreter dachte, die Themen für Dissertationen suchten oder sich mit Veröffentlichungen von Fachaufsätzen für eine Professur qualifizieren wollten.

Der Idealist Keynes hielt es bekanntlich auf lange Sicht für möglich, die wichtigsten wirtschaftlichen Probleme zu lösen. Künstler waren für ihn langfristig wichtiger als Ökonomen, von denen er generell nicht viel hielt. Daher sah er auch keine große Zukunft für die Ökonomik. Im Jahre 1932, inmitten der Weltwirtschaftskrise, schrieb er: „Ökonomen werden, wie ich glaube, in den nächsten 25 Jahren die wichtigste Gruppe von Wissenschaftlern in der Welt sein, auch wenn sie gegenwärtig die inkompetenteste sind. Und es ist zu hoffen – sofern sie erfolgreich sind –, dass sie danach nie mehr wichtig werden." Auf jene ferne Zeit ohne wirtschaftliche Nöte war Keynes' berühmte Gleichsetzung der Ökonomen mit den Zahnärzten bezogen. In *Wirtschaftliche Möglichkeiten für unsere Enkelkinder* schrieb er: „Wie herrlich würde es sein, wenn Ökonomen es bis dahin bringen würden, dass man sie mit so bescheidenen, sachkundigen Leuten wie Zahnärzten auf eine Stufe stellt."

Zu Keynes' Zeit konnte von einem Paradies keine Rede sein, und so sah er in der Politikberatung eine wesentliche Aufgabe. Elizabeth Johnson hat sein Selbstverständnis als das eines von seiner eigenen Superiorität überzeugten „ökonomischen Chefberaters der Welt" bezeichnet. So schrieb Keynes beispielsweise dem Präsidenten der Vereinigten Staaten von Amerika ohne Zögern einen öffentlichen Brief, wenn er meinte, dass in Amerika guter Rat vonnöten war. Keynes erhielt das Attribut eines „politischen Ökonomen", während er für herbe Kritiker eher ein „politischer Unternehmer" war, aber kein seriöser Ökonom.

Unbestritten bleibt Keynes' opportunistische Neigung, auf möglichst viele Züge zu springen, die sich im Bahnhof gerade in Bewegung setzten. Und kaum etwas hat seinem Ansehen als Ökonom so sehr geschadet wie die schon von vielen Zeitgenossen erstaunt zur Kenntnis genommenen und gelegentlich hämisch kommentierten Änderungen von Positionen, die Keynes keineswegs bestritt. Bekannt ist seine Antwort auf einen Kritiker: „Wenn sich die Fakten ändern, ändere ich meine Ansicht. Was tun Sie, Sir?" Aber er konnte sich über Leute, die nach seiner Überzeugung unter ideologisch verblendetem Starrsinn, Weltfremdheit und einem ungenügend flexiblen Intellekt litten, auch drastischer äußern: „Mir scheint, ich sehe die älteren Papageien herumsitzen und sagen ‚Ihr könnt uns vertrauen. Seit 30 Jahren haben wir jeden Tag, unabhängig vom Wetter gesagt: Welch ein schöner Morgen! Aber hier ist ein schlechter Vogel. Er sagt an einem Tag das eine und etwas anderes am nächsten Tag‘.“

Kaum etwas hat Keynes' Zeitgenossen derart irritiert wie seine Befürwortung von Zöllen im Jahre 1931. Denn der Brite war seit seiner Jugend ein überzeugter Anhänger des Freihandels gewesen, der sich aggressiv gegenüber protektionistischen Maßnahmen äußern konnte. In diesem Sinne ging es in den frühen zwanziger Jahren weiter, als er Freihandel als „ein Prinzip internationaler Moral“ bezeichnete und als „unflexibles Dogma, das keine Abweichung gestattet“. Selbst Mitte der zwanziger Jahre, als sein Glaube an das *Laissez-faire*-Prinzip ins Schwanken geraten war, war er beim Freihandel zu keinem Kompromiss bereit: „Ich glaube nicht länger an die Philosophie, die die Doktrin des *Laissez-faire* schmückte. Ich glaube an den Freihandel, weil er langfristig und im Allgemeinen die einzig technisch einwandfreie und intellektuell straffe Politik ist.“

Der sensationellen Abkehr vom Freihandel im Jahre 1931 ging kein spontanes Handeln, sondern ein mehr als ein Jahr währender Prozess voraus, während dessen Keynes schwer mit sich kämpfte. Die Lage war so: In Großbritannien hatte sich die Wirtschaftskrise noch mehr verschlimmert, als deren Ursache nicht unwesentlich der von Keynes damals bekämpfte Eintritt des Pfund Sterling in den Goldstandard zum Vorkriegskurs im Jahre 1925 galt. Das Pfund war angesichts der Schwäche der britischen Wirtschaft deutlich überbewertet, was den Export britischer Güter erschwerte, die Einfuhren billig hielt und so die Außenhandelsbilanz belastete.

Die Antwort aus dem Lehrbuch hätte in einer Abwertung des Pfund bestanden, nach der Exporte billiger und Importe teurer geworden wären, aber sowohl die Regierung als auch Keynes äußerten Bedenken. Sie fürchteten unter anderem um die künftige Attraktivität des Pfund als internationale Anlagewährung und um das Ansehen des Finanzplatzes London. Die laut Lehrbuch nachteilige Alternative bestand in der Erhebung von Einfuhrzöllen, die Importe verteuerten und gleichzeitig Staatseinnahmen schafften, die zur Bekämpfung der Rezession eingesetzt werden konnten. Keynes kannte alle Argumente gegen die Einführung von Zöllen; schließlich hatte er sie 20 Jahre lang selbst vertreten. Aber er befürwortete schließlich doch den Protektionismus als kleineres Übel unter anderem mit dem Argument, dass man Zölle rasch wieder abschaffen könne, während man nicht dauernd Wechselkurse ändern könne.

Diese Begründung klingt aus heutiger Sicht absurd, weil sich Wechselkurse täglich ändern und die ökonomische

Theorie der Politik wie die Erfahrung lehren, dass einmal beschlossene Handelsregulierungen dazu tendieren, dauerhaft zu bleiben. Das war damals anders, weil sich mit der Goldwährung ein Festhalten an Wechselkursen verband und britische Regierungen in der Vergangenheit mehrfach eingeführte Zölle bald wieder abgeschafft hatten. Aber trotzdem war Keynes' Argumentation fragwürdig.

Sie hatte auch keinen langen Bestand, denn nachdem die britische Regierung kurz danach doch aus dem Goldstandard austrat und das Pfund abwertete, befürwortete Keynes nicht länger die Einfuhrzölle. Nun sagte er über den Freihändler: „In neun von zehn Fällen verkündet er die Worte der Weisheit und der schlichten Wahrheit – und ebenso des Friedens und guten Willens – gegen irgendeinen Kleingeist, der durch Spitzfindigkeit und manchmal auch Korruption versucht, einen Vorteil für sich zu ergattern auf Kosten seines Nachbarn und Heimatlandes. Der Freihändler geht aufrecht im Licht des Tages, spricht offen und freundlich zu allen, die vorübergehen, während der Protektionist in seinem Winkel knurrt."

Keynes' manchmal unbekümmerte Abkehr alter Positionen bereitete ihm nicht unbedingt Ehre, und manches bleibt im Nachhinein schwer verständlich. Das Argument seines Biographen Donald E. Moggridge, Keynes habe ökonomische Probleme häufig aus der Sicht eines Regierungsberaters betrachtet, der seinem Minister schnell einen Vorschlag zur Lösung eines konkreten Problems nennen muss, ist vielleicht eine Erklärung.

Doch bevor sich unsere Zeit auf ein zu hohes Ross setzt, sei daran erinnert, dass in der aktuellen Krise eine nicht geringere Unbekümmertheit beobachtet werden kann. So galt die direkte Staatsfinanzierung durch die Zentralbank in Gestalt des Ankaufs von Staatsanleihen seit Jahrzehnten geradezu als Sakrileg. Eine Zentralbank sollte die Geldversorgung der Wirtschaft sichern, aber nicht dem Staat direkt Geld geben. Als die amerikanische Zentralbank (Fed) umfangreiche Käufe von Staatsanleihen ankündigte, war jedoch kein kollektiver Aufschrei der Ökonomenzunft vernehmbar. Die Entscheidung der Fed wird von vielen Ökonomen als außergewöhnliche Maßnahme in einer außergewöhnlichen Krise zumindest toleriert, auch wenn sie einen Systembruch darstellt. Für die Menschen der damaligen Zeit wie Keynes war die Wirtschaftskrise der dreißiger Jahre ebenfalls ein außergewöhnliches Ereignis, das Systembrüche rechtfertigte.

Abschließend sei ein Aspekt erwähnt, der vielleicht in der bisherigen Keynes-Exegese zu wenig Beachtung gefunden hat: John Maynard Keynes gehörte als Ökonom allein sich selbst; er war nicht fremdbestimmt. Er vertrat, ob falsch oder richtig, seine ureigenen Ansichten und sonst nichts. Keynes machte zwar gelegentlich Wahlkampf für die Liberale Partei, aber kaum jemand wurde von ihm härter kritisiert als die Führer dieser Partei, und er hat alle Einladungen, für einen Parlamentssitz zu kandidieren, abgelehnt. Keynes war relativ früh finanziell unabhängig und er vertrat weder offen noch verdeckt die Anliegen einer Interessengruppe, seien es Unternehmen oder Gewerkschaften. Nicht jeder moderne Ökonom kann das von sich behaupten.

TEIL II

WERK

I DIE *ALLGEMEINE THEORIE*

„Es ist ein schlecht geschriebenes, armselig aufgebautes Buch; jeder durch
das frühere Ansehen des Autors angelockte Laie war um seine 5 Shilling
betrogen … Es ist arrogant, unwillig, polemisch und nicht sehr großzügig mit
Anerkennungen … In ihm befindet sich undeutlich das Keynessche System,
als wäre sich der Autor seiner Existenz und Eigenschaften kaum
bewusst…Blitze der Einsicht und Erleuchtung sind in langweilige Algebra
eingestreut. Eine umständliche Definition macht plötzlich freie Bahn für eine
unvergessliche Kadenz. Wenn wir die Lektüre endlich geschafft haben,
finden wir die Analyse einleuchtend und gleichzeitig neu:
Kurz, es ist ein geniales Werk."
Der Nobelpreisträger Paul Samuelson

Die *Allgemeine Theorie der Beschäftigung, des Zinses und des*
Geldes (The General Theory of Employment, Interest and Money)
hat sehr unterschiedliche Interpreten gefunden, und die
berühmte Frage nach dem, „was Keynes eigentlich meinte", lässt sich trotz einer von vielen Fachleuten emsig
betriebenen, kaum mehr überschaubaren und noch keineswegs beendeten Exegese nicht bis in Detail einwandfrei
klären. Donald Moggridge, der als Herausgeber der *Collec-*
ted Writings und als Keynes-Biograph über eine hohe Auto-
rität verfügt, stellte einmal fest: „Man kann in Keynes
mehr als genügend Munition für unterschiedliche Sicht-
weisen finden, besonders wenn man Äußerungen aus ihrem
Zusammenhang herausnimmt." In der entscheidenden
Frage, welche Aspekte seiner Lehre Keynes selbst für zentral hielt, stützt sich die vorliegende Interpretation neben
der *Allgemeinen Theorie* vor allem auf den im Jahre 1937
erschienenen Aufsatz *Die Theorie der Beschäftigung (The*
Theory of Employment), den Keynes nach mehreren Rezensio-

nen seines Meisterwerkes als Plattform für eine Klarstellung seiner wichtigsten Gedanken nutzte.

Die Klassische Lehre

Die *Allgemeine Theorie* beginnt mit einer Darstellung der ein *Laissez-faire* begründenden Klassischen Lehre, die Keynes mit seiner eigenen Lehre frontal herausfordern und ablösen wollte. Die wichtigsten Bestandteile der Klassischen Lehre, die der Brite in seiner Jugend selbst vertreten hatte, sind:

1. Das Saysche Theorem besagt, dass sich jedes Angebot seine Nachfrage schafft. Nach der theoretischen Begründung entstehen Angebot und Nachfrage simultan; das heißt, ein Mensch sucht sich Arbeit und ein Einkommen, weil er dieses Einkommen verwenden will. Für das Saysche Theorem ist es gleichgültig, ob die Menschen ihr Einkommen sofort für Konsumausgaben verwenden oder ob sie einen Teil sparen, weil die Ersparnis in Form von Investitionen der Unternehmen Verwendung findet. Für den Ausgleich zwischen Ersparnis und Investition sorgt der Zins. Das Saysche Theorem, manchmal als Saysches Gesetz bezeichnet, bildet die Grundlage der Auffassung, dass eine Marktwirtschaft keiner Staatseingriffe bedarf. Aber auch die Anhänger des Theorems bestreiten nicht, dass auf einzelnen Märkten Störungen auftreten können, weil beispielsweise ein Hersteller von Sandalen die Nachfrage nach seinen Produkten falsch eingeschätzt hat. Es geht um eine

Tendenzaussage, wie der britische Ökonom David Ricardo betonte: „Es mag von einem bestimmten Gut zu viel produziert werden, so dass ein Angebotsüberschuss besteht und das eingesetzte Kapital sich nicht bezahlt macht; aber dies kann nicht bei allen Gütern vorkommen." Das Saysche Theorem ist mit der Existenz kurzfristiger Krisen vereinbar, aber nicht mit einem dauerhaften Abgleiten in eine schwere Rezession. Keynes bestritt nicht die Existenz des Theorems in einer Güterwirtschaft ohne Geld. In einer Geldwirtschaft aber galt es aus seiner Sicht nicht mehr automatisch.

2. Die Quantitätstheorie des Geldes unterscheidet zwischen realer Wirtschaft und Geldwirtschaft. Alle wichtigen Größen der Realwirtschaft wie die Höhe der Produktion von Gütern und Dienstleistungen (Bruttoinlandsprodukt), die Zahl der Arbeitsplätze, die Verteilung von Einkommen und Vermögen sowie die Bestimmung von Konsum und Ersparnis werden in der Realwirtschaft durch dort gebildete Preise wie den Lohn und den Zins bestimmt. Entsprechend den Annahmen des Sayschen Theorems befindet sich die Wirtschaft immer auf oder nahe ihrem Vollbeschäftigungsniveau. Das Geld ist vor allem Zahlungsmittel und Recheneinheit, aber es dient nicht der Wertaufbewahrung, da es keine Zinserträge verspricht. In einer solchen Welt nimmt das Geld auf die Vorgänge in der Realwirtschaft keinerlei Einfluss. Die Aufgabe der von einer Notenbank betriebenen Geldpolitik besteht darin, die für ein einwandfreies Funktionieren notwendige Geldmenge bereitzustel-

len. Erzeugt sie zu viel Geld, steigt das Preisniveau; es kommt zur Inflation. Produziert sie zu wenig Geld, fällt das Preisniveau (Deflation). In der klassischen Lehre nehmen Inflation und Deflation keinen Einfluss auf reale Wirtschaftsgrößen wie das Bruttoinlandsprodukt oder die Beschäftigung. Das Geld besitzt somit keine reale Wirkung, es ist neutral. Das ist freilich wiederum eine idealtypische Darstellung. Schon lange vor Keynes wussten die Anhänger der Klassischen Theorie, dass vor allem in Wirtschaftskrisen mit Arbeitslosigkeit die Bereitstellung zusätzlichen Geldes („expansive Geldpolitik") kurzfristig auch die Güterproduktion anregen und damit die Beschäftigung fördern kann. Langfristig galt Geld jedoch als neutral gegenüber der realen Wirtschaft. Keynes wollte zeigen, dass Geld in einer modernen Wirtschaft überhaupt nicht neutral ist, sondern dass gerade vom Geld Produktion und Beschäftigung abhängen.

3. Die Höhe der Beschäftigung ist alleine vom Reallohn abhängig. Für Vollbeschäftigung existiert ein „richtiges" Lohnniveau, das sich durch die Bestimmung von Arbeitsangebot und Arbeitsnachfrage ergibt. Das Angebot der Arbeitnehmer bestimmt sich durch ein Kosten-Nutzen-Kalkül, in dem sie den Nutzen von Arbeit und Freizeit miteinander vergleichen. Je höher der Lohn ist, umso größer wird ihr Arbeitsangebot. Die Arbeitsnachfrage der Unternehmen entspringt ebenfalls einem Kosten-Nutzen-Kalkül: Sie fragen solange Arbeit nach, wie sie mit der zusätzlichen Arbeit Gewinn erzielen; technisch ausge-

drückt entspricht dann der Grenzertrag einer zusätzlichen Arbeitstunde gleich ihren Grenzkosten (Reallohn). Daraus folgt, dass Arbeitslosigkeit alleine das Ergebnis zu hoher Löhne sein kann und Lohnssenkungen alleine zur Vollbeschäftigung führen. Auch das ist wiederum eine idealtypische Annahme. Keynes' Haltung gegenüber der klassischen Beschäftigungstheorie ist interessant, weil er sich von ihr nicht grundlegend distanziert: „Eine Zunahme der Beschäftigung kann sich nur durch eine begleitende Senkung der Reallöhne einstellen. Ich bestreite diese vitale Tatsache nicht, die von den klassischen Ökonomen zu recht als unantastbar bezeichnet wurde." Keynes' Vorbehalt lautet, dass dieses Arbeitsmarktmodell nur einen Teil der Realität erfasst und die Beschäftigung nicht nur von der Lohnhöhe abhängt. Auf das Lohnthema gehen wir noch ausführlicher ein, weil es für die Lehre von Keynes zentral ist.

In der idealtypischen Klassischen Lehre sorgen frei bewegliche Preise für den Ausgleich von Angebot und Nachfrage auf den einzelnen Märkten. Das Geld ist neutral und das Saysche Theorem begründet, dass sich jedes Angebot eine ausreichende Nachfrage schafft. In dieser Welt bedarf es keinerlei staatlicher Eingriffe in die Wirtschaft; sie wären nicht nur unnütz, sondern vermutlich sogar schädlich, weil sie die Selbstheilungskräfte des Marktes schwächten. Natürlich wussten die Ökonomen schon damals, dass dies eine künstliche Welt ist und nicht die Realität, und so optierten auch prinzipielle Anhänger der liberal geprägten Klassischen Theorie in der Weltwirtschaftskrise aus pragmatischen Gründen für Staatseingriffe. Diesen Ökonomen, zu denen unter anderem sein Kollege aus Cambridge, Arthur Cecil Pigou gehörte, warf Keynes in einem Brief an seinen Schüler Richard Kahn mangelnde intellektuelle Aufrichtigkeit vor: Es „steht so gut wie nichts zwischen uns, wenn es auf die Praxis ankommt. Aber warum beharren sie auf Theorien, aus denen ihre praktischen Schlüsse unmöglich folgen können? Das Ganze kommt mir vor wie eine Gesellschaft für Denkmalschutz."

Baustein 1: Unsichere Erwartungen

In der Klassischen Theorie, jedenfalls in ihrer modernen Form, existiert kein Wissensproblem über die Zukunft. Die Menschen haben rationale Erwartungen, sie wissen, wie Wirtschaft funktioniert, und sie passen ihre Pläne schnell und effizient an, wenn etwas Unerwartetes geschieht. Das ist nicht die Welt von Keynes gewesen, der stattdessen seit seiner Jugend die Rolle der Unsicherheit für das menschliche Verhalten thematisiert hatte. In der Tradition seines Lehrers Alfred Marshall unterschied Keynes zwischen kurzfristigen und langfristigen Erwartungen. Kurzfristige Erwartungen zum Beispiel über Nachfrageschwankungen können einen Unternehmer dazu veranlassen, seine Produktpreise zu verändern. Langfristige Erwartungen reichen viel weiter in die Zukunft und betreffen etwa die Frage, ob ein Unternehmen ein neues Werk errichten oder ob ein Anleger für seine Altersversorgung Aktien oder Anleihen kaufen soll. Für die Analyse von Keynes spielen die langfristigen Erwartungen eine bedeutende Rolle, und bevor wir tiefer in dieses Thema einsteigen, müssen wir noch die wichtige Unterscheidung zwischen den Begriffen Risiko und Unsicherheit treffen. Risiko bezeichnet Zustände, in denen künftigen Ereignissen Eintrittswahrscheinlichkeiten zugeordnet werden können: Die Wahrscheinlichkeit, dass beim Roulette „rot" gewinnt, ist 50 Prozent. Unsicherheit kennzeichnet Zustände, in denen Eintrittswahrscheinlichkeiten nicht berechnet werden können. Im Aufsatz von 1937 schrieb Keynes:

„Roulette ist in diesem Sinn nicht durch Unsicherheit geprägt. Oder, die Lebenserwartung ist nur leicht unsicher. Sogar das Wetter ist nur eingeschränkt unsicher. Der Sinn, in dem ich diesen Begriff verwende, ist, dass die Aussicht eines neues Krieges in Europa unsicher ist, oder der Kupferpreis und der Zinssatz in 20 Jahren, oder die Veralterung einer neuen Erfindung oder die Stellung privater Vermögensbesitzer im Sozialen System des Jahres 1970. Es existiert keinerlei wissenschaftliche Grundlage, hierüber irgendwelche mathematischen Wahrscheinlichkeiten zu berechnen. Wir wissen es einfach nicht."

Mit einer solchen Unsicherheit können Menschen in Wirtschaftsfragen jederzeit konfrontiert werden. „Wie gelingt es uns in solchen Umständen, uns so zu verhalten, dass wir unser Gesicht als rationale, ökonomische Menschen bewahren?" fragte Keynes. Die Antwort lautet, dass die

Menschen für solche Situationen drei Techniken entwickelt haben:

1. Wir verwenden die Gegenwart als Anhaltspunkt für die Zukunft und nehmen daher an, dass die Welt, zum Beispiel die Aktienkurse oder die Zinssätze oder die Konjunkturaussichten, morgen und übermorgen nicht wesentlich anders aussehen werden als heute. Wir ignorieren weitgehend die Möglichkeit drastischer kurzfristiger Veränderungen.

2. Wir nehmen an, dass die in den aktuellen Preisen enthaltenen Ansichten über die Zukunft auf einer korrekten Einschätzung beruhen. Wir verwenden diese Vorstellungen über die Zukunft, bis uns neue Fakten zu einer Anpassung zwingen.

3. Da wir unseres individuellen Defizits an Wissen über die Zukunft bewusst sind, orientieren wir uns an anderen Menschen, die möglicherweise über mehr Informationen verfügen als wir. Wir passen uns dem Verhalten der Mehrheit oder zumindest dem Durchschnitt an. Aus dieser Neigung leitet sich in besonders unsicheren Zeiten der Herdentrieb ab, der an den Börsen zu Spekulationswellen wie anschließend zu langen Baissen beitragen kann.

Normalerweise ist der Wirtschaftsablauf eher träge. Kommt es jedoch zu drastischen kurzfristigen Veränderungen, haben die Menschen Schwierigkeiten, sich anzupassen:

„Die Gewöhnung an Ruhe und Unbeweglichkeit, an Gewissheit und Sicherheit bricht plötzlich zusammen. Neue Ängste und Hoffnungen werden ohne Warnung das menschliche Verhalten lenken. Die Kräfte der Desillusion mögen eine neue allgemeine Bewertungsbasis erzwingen … Zu allen Zeiten sind die vagen Panikängste und die ebenso vagen und unbedachten Hoffnungen nicht wirklich eingelullt, sondern liegen nur wenig unter der Oberfläche." Da dieses Verhalten für Menschen in der Wirtschaft typisch sei, dürfe sich eine Theorie des menschlichen Verhaltens in der Wirtschaft nicht an idealistischen Vorstellungen über den Marktprozess ausrichten, schlussfolgerte der Brite.

Keynes hatte sich in der *Allgemeinen Theorie* im Kapitel 12 mit den langfristigen Erwartungen befasst. Dort betonte er, wie wichtig angesichts der lähmenden Folgen großer Unsicherheit die Wiederherstellung des Vertrauens in die Zukunft ist: „Man kann ruhig sagen, dass die Unternehmungslust, die sich auf in die Zukunft reichende Hoffnungen stützt, dem Gemeinwesen als Ganzes zugute kommt. Die einzelne Entschlusskraft wird aber nur ausreichen, wenn die vernünftige Berechnung durch Lebensgeister ergänzt und unterstützt wird, so dass der Gedanke eines schließlichen Verlustes (…) beiseite geschoben wird, wie von einem gesunden Menschen der Gedanke an den Tod." Doch nicht nur wirtschaftliche Aussichten, sondern auch „politische und gesellschaftliche Stimmungen" können den Geschäftsmann in seinem Handeln beeinflussen und dafür sorgen, dass wirtschaftliche Aufschwung- oder Abschwungbewegungen starke Ausschläge erhalten. Keynes lässt an einer Stelle kurz animalische Triebe *(Animal Spirits)* auftauchen, von denen sich Menschen in Phasen tiefer Euphorie oder Verunsicherung leiten lassen (Kapitel III, 3).

Unsicherheit darf aber nicht mit Irrationalität verwechselt und ihre Folgen übertrieben eingeschätzt werden: „Wir dürfen hieraus nicht schließen, dass alles von Wellen irrationaler Psychologie abhängt. Im Gegenteil, der Zustand der langfristigen Erwartung ist oft beständig, und selbst wenn er es nicht ist, üben die anderen Faktoren doch ihre ausgleichenden Wirkungen aus. Wir wollen uns lediglich erinnern, dass menschliche Entscheidungen, welche die Zukunft beeinflussen, ob persönlicher, politischer oder wirtschaftlicher Art, sich nicht auf streng mathematische Berechnung stützen können, weil die Grundlage für solche Berechnungen nicht besteht; und dass es unser angeborener Drang zur Tätigkeit ist, der die Räder in Bewegung setzt."

Baustein 2: Geld, Zins und Investitionen

In der Klassischen Theorie ist Geld Recheneinheit und Zahlungsmittel; bei Keynes wird es auch zum Wertaufbewahrungsmittel. Wie das? Schließlich bringt das Geld im Unterschied zu anderen Anlageformen keinerlei Rendite. „Warum sollte irgendjemand außerhalb eines Irrenhauses Geld als Wertaufbewahrungsmittel nutzen?" fragte Keynes provozierend.

Weil es aus Gründen der Unsicherheit sinnvoll sein kann: „Teils aus vernünftigen und teils aus instinktiven Gründen, ist unser Wunsch, Geld als Wertaufbewahrungsmittel zu halten, ein Barometer unseres Misstrauens in unsere eigenen Berechnungen und unserer Verhaltensweisen, was die Zukunft betrifft … Der Besitz von Geld lullt unser Unbehagen ein; und die Prämie, die wir verlangen, um uns von unserem Geld zu trennen, ist der Maßstab des Grades unseres Unbehagens."

Diese Prämie ist die berühmte „Liquiditätsprämie". In Zeiten hoher Unsicherheiten neigen die Menschen dazu, einen größeren Teil des Geldes aufzubewahren („zu horten") und nicht auszugeben. „Veränderungen in der Neigung zum Horten verändern in erster Linie nicht die Preise, sondern den Zinssatz", betonte Keynes, der hier zu einem Bruch mit der Klassischen Theorie gelangte. Dort brachte der Zinssatz Ersparnis und Investition zueinander, aber er war ein reales Phänomen, da das Geld in der Klassischen Theorie keinen Einfluss auf die reale Wirtschaft nimmt. Bei Keynes ist der Zins ein monetäres Phänomen. Unter der Annahme einer gegebenen Geldmenge gilt: „Der Zinssatz misst offensichtlich die Prämie, die man Menschen anbieten muss, damit sie ihr Vermögen in einer anderen Form als Geld halten."

Der Zinssatz wird durch Geldangebot und Geldnachfrage bestimmt. Die Geldnachfrage ist nun aber auch anhängig von den Erwartungen über die Kursverläufe an den Wertpapiermärkten, wo bei Anleihen steigende Zinsen einhergehen mit niedrigeren Kursen. Ein Anleger, der steigende Zinsen und damit fallende Kurse erwartet, wird lieber Geld halten als Anleihen und seine Papiere daher verkaufen. Sind die Zinsen gestiegen, kann der Anleger die Papiere zu niedrigeren Kursen zurückkaufen.

Was sind die Alternativen zur Geldhaltung? Ein Anleger könnte eine sichere Anlage zum jeweiligen Zins kaufen oder ein Investitionsprojekt eines Unternehmens finanzieren. Letzteres wird er aber nur tun, wenn die Rendite aus diesem Projekt mindestens so hoch ist wie der sichere Zins. Keynes argumentierte nun, dass die Attraktivität von langfristigen Investitionsprojekten von den erwarteten Erträgen abhängt und diese Erwartungen angesichts der Unsicherheit über die Zukunft stark schwanken können. In Phasen eines ausgeprägten Pessimismus werden die Unternehmer ihre Erwartungen an die Rentabilität von Projekten zurückschrauben, was zu einer niedrigeren Bewertung dieser Projekte am Kapitalmarkt führt und Investitionen im Vergleich zum Zins unattraktiver werden lässt. Der Zins wiederum wird über die Neigung zur Geldhaltung ebenfalls von Erwartungen über eine unsichere Zukunft beeinflusst. Keynes fasste zusammen: „Es ist nicht überraschend, dass das so bestimmte Investitionsvolumen von Zeit zu Zeit stark schwanken sollte. Denn es hängt von zwei Urteilen über die Zukunft ab, von denen keines auf einem adäquaten oder sicheren Fundament ruht – von der Neigung zur Geldhaltung und den Ansichten über künftige Erträge von auf Investitionen beruhenden Vermögensgegenständen."

Ein besonderes Problem sah Keynes darin, dass die beiden Einflüsse eine Tendenz zur gegenseitigen Selbstverstärkung haben. Eine Zunahme pessimistischer Erwartungen wird die Bewertung von Investitionsprojekten fallen, aber den Zins steigen lassen. Die Investitionsnachfrage droht das Ersparnisangebot zu unterbieten.

Baustein 3: Der Multiplikator

Die Höhe der Investitionen kann als Folge von unsicheren Erwartungen stark schwanken. Das ist umso problematischer, als die Investitionen für Keynes eine zentrale Rolle für die Bestimmung des Bruttoinlandsprodukts und der Beschäftigung spielen. Dies erklärt sich nicht zuletzt mit dem Multiplikator, einem Konzept, das Anfang der dreißiger Jahre von Richard Kahn vorgestellt wurde, aber eine Reihe von Vorläufern besaß. Die These vom Multiplikator besagt, dass der Effekt einer Erhöhung der Investitionen um einen Betrag X das Bruttoinlandsprodukt um mehr als nur den Betrag X steigen lässt.

Das lässt sich intuitiv nachvollziehen. Angenommen, in einer Wirtschaft mit unausgelasteten Kapazitäten und Arbeitslosen beschließt ein Unternehmen, eine Fabrik zu erweitern. Für diesen Betrag kauft es Vorprodukte von anderen Unternehmen, deren Gewinn dadurch zunimmt, und es zahlt Löhne an bisher unbeschäftigte Arbeiter. Diese Arbeiter werden zumindest einen Teil ihres Einkommens für den Konsum verwenden, was das Einkommen in den Konsumgüterindustrien steigert. Von diesem Einkommen wird wieder zumindest ein Teil konsumiert, und so entsteht ein Prozess, der sich sehr lange fortsetzen kann.

Die Höhe des Multiplikators hängt in einem sehr einfachen Modell davon ab, wie hoch der Konsum am Anteil des Einkommens ist. Bei einem Einkommen von 1 und einem Konsum von 0,8 und einer Ersparnis von 0,2 errechnet sich in einem sehr einfachen Modell ein Multiplikator von 5. Das heißt, eine Erhöhung der Investitionen um 1 Milliarde Euro erhöhte das Bruttoinlandsprodukt um 5 Milliarden Euro; der umgekehrte Fall ergäbe sich bei einem Rückgang der Investitionen. Durch den Einbau realistischer Annahmen wie Einkommensteuern und Außenhandelsbeziehungen errechnen sich geringere Multiplikatoren. In einer vollbeschäftigten Wirtschaft funktioniert der Prozess nicht, da keine freien Kapazitäten zur Verfügung stehen. Zusätzliche Investitionsausgaben erhöhen dann lediglich das Preisniveau.

Baustein 4: Die effektive Nachfrage

Keynes betrachtet eine Binnenwirtschaft ohne Staat. Daher besteht in seinem Modell die effektive gesamtwirtschaftliche Nachfrage aus den privaten Konsumausgaben und den Ausgaben der Unternehmen für Investitionen. Die Höhe der Investitionen bestimmt sich durch die erwartete Rendite der Investitionen im Vergleich zum erwarteten Ertrag einer Anlage am Kapitalmarkt, sie sind für Keynes die entscheidende Größe: „Die Theorie kann zusammengefasst werden, indem man sagt, dass, die Psychologie der Öffentlichkeit gegeben, die Höhe des Bruttoinlandsprodukts und der Beschäftigung von der Höhe der Investitionen abhängen. Ich sage dies so, nicht weil die Investitionen der einzige Faktor sind, von dem die gesamtwirtschaftliche Produktion abhängt, aber weil es in komplexen Systemen üblich ist, jenen Faktor als *causa causans* zu betrachten, der am anfälligsten für plötzliche und umfangreiche Schwankungen ist." Die Höhe der Konsumausgaben bestimmt sich wesentlich durch das Einkommen: „Die Konsumneigung der Menschen wird von vielen Faktoren beeinflusst wie der Einkommensverteilung, der normalen Haltung gegenüber der Zukunft und – wenn auch wahrscheinlich zu einem geringen Grade – durch den Zinssatz. Aber das vorherrschende psychologische Gesetz scheint mir zu sein, dass bei einem Zuwachs des gesamtwirtschaftlichen Einkommens auch die Konsumausgaben steigen – wenn auch in einem geringeren Maße." Die Konsumausgaben wachsen langsamer als die Einkommen, weil die Menschen sparen. Menschen verwenden Einkommen entweder für Konsum oder Ersparnis; beide hängen nach Keynes im Wesentlichen vom Einkommen ab.

Was bedeutet das in der Praxis? Nehmen wir an, in einer Ausgangssituation laufe die Wirtschaft auf vollen Touren und es herrsche Vollbeschäftigung. Nun verschlechtern sich aus irgendeinem Grunde die Gewinnerwartungen der Unternehmer, und auch die Konsumenten werden vorsichtiger. Darauf reduzieren die Unternehmen ihre Investitionen, während die Konsumenten weniger Geld ausgeben, sondern mehr sparen wollen. Investitionen werden durch Ersparnisse finanziert, und im Gleichgewicht entsprechen sich Investitionen und Ersparnisse.

Bei pessimistischen Erwartungen von Unternehmern und Konsumenten entsteht eine Tendenz zum Übersparen, weil die Unternehmen ihre Investitionen nicht steigern, sondern reduzieren wollen. Wegen der rückläufigen Investitionen sinken Bruttoinlandsprodukt und Beschäftigung, bis die Wirtschaft ein neues Gleichgewicht auf dem Geld- und Gütermarkt findet – allerdings bei Arbeitslosigkeit. Das ist in der Klassischen Theorie undenkbar, wo flexible Löhne und Preise immer für ein Gleichgewicht bei Vollbeschäftigung sorgen. Die Wirtschaft erreicht bei Keynes ein Gleichgewicht unter ihren Möglichkeiten, weil die effektive Nachfrage wegen pessimistischer Erwartungen unter dem Optimum bleibt. Dieses Gleichgewicht bei Arbeitslosigkeit kann dauerhaft stabil bleiben – in Großbritannien lag die Arbeitslosenquote etwa ein Jahrzehnt bei rund 10 Prozent.

Die „Selbstheilungskräfte des Marktes" führen die Wirtschaft offenbar nicht zwingend in eine Situation der Vollbeschäftigung hinein. Das Saysche Theorem gilt nicht. Nebenbei: Im neuen Gleichgewicht ist wegen des niedrigeren Einkommens auch die Ersparnis niedriger als vorher, obgleich die Menschen eigentlich mehr sparen wollten. Das ist das Keynessche Sparparadoxon (Kapitel II, 3).

Das Lohnproblem

Aus der Klassischen Theorie folgt, dass Arbeitslosigkeit ausschließlich das Ergebnis zu hoher Reallöhne sein kann. Insofern lautet die Antwort dieser Theorie einfach: Die Löhne müssten so weit sinken, bis die Arbeitslosigkeit verschwunden wäre. Bevor wir das Thema weiter behandeln, müssen wir zunächst zwischen Nominallöhnen und Reallöhnen unterscheiden. Die Nominallöhne sind die Geldlöhne, die tatsächlich bezahlt werden und die direkt beeinflussbar sind. Die Reallöhne errechnen sich unter Berücksichtigung von Änderungen des Preisniveaus (Inflation oder Deflation). Sie sind von den Unternehmen nicht direkt beeinflussbar, aber sie sind es, die über die Einstellung oder Entlassung von Personal entscheiden. Angenommen, die Nominallöhne sinken um 3 Prozent und das Preisniveau ebenfalls. Da der Nominallohn niedriger geworden ist, könnte man daraus schließen, dass Arbeit billiger geworden ist und die Unternehmen mehr Arbeit nachfragen. Aus der Sicht der Unternehmen ist der Reallohn jedoch unverändert geblieben: Zwar ist der Nominallohn um 3 Prozent gefallen, aber auch das Preisniveau. Sie können ihre Güter nur mehr um 3 Prozent billiger verkaufen. Real hat sich für die Unternehmen nichts geändert.

Jetzt müssen wir sehen, warum für Keynes der Rückgang von Reallöhnen anders als in der Klassischen Theorie das Beschäftigungsproblem nicht löst. Eine Antwort lautet: Die Nominallöhne sind in der Praxis nach unten starr, weil Gewerkschaften Lohnsenkungen verhindern. Wenn die Nominallöhne nicht sinken können und das Preisniveau konstant bleibt, können auch die Reallöhne nicht sinken. Die einzige Möglichkeit, in einer solchen Situation die Reallöhne zu senken, bestünde in der Herbeiführung von Inflation. Das aber wäre zumindest auf Dauer keine seriöse Politik. Derartige Preisrigiditäten, die einen Ausgleich von Angebot und Nachfrage auf dem Arbeitsmarkt zumindest vorübergehend verhindern, spielen in der modernen Interpretation von Keynes eine überragende Rolle (Kapitel III, 1).

Als Schöpfer einer Allgemeinen Theorie wollte Keynes jedoch zeigen, dass auch im Falle völlig flexibler Löhne und Preise der klassische Ausgleichmechanismus von Angebot und Nachfrage auf dem Arbeitsmarkt nicht funktioniert. Zunächst einmal war Keynes der Auffassung, dass in der Krise ein sinkender Nominallohn nicht mit einem sinkenden Reallohn einhergehen werde, weil mit den Löhnen auch die Preise fallen würden. Das ist ein Ergebnis des Rückgangs der effektiven gesamtwirtschaftlichen Nachfrage.

Auch ansonsten sieht Keynes keinen Mechanismus, der als Folge sinkender Nominallöhne eine Tendenz zu Wirtschaftswachstum und Vollbeschäftigung auslöst. So hält er in der Krise einen kumulativen Abwärtsprozess fallender Löhne und Preise für denkbar, wenn als Folge sinkender Löhne die pessimistischen Unternehmer weiter sinkende Löhne erwarten und daher nicht investieren, was wiederum die effektive Nachfrage schwächt. Das sinkende Preisniveau hat zur Folge, dass der reale Wert der Unternehmensschulden steigt, was in der Krise zusätzliche Konkurse auslöst. Anstatt sich wegen sinkender Löhne zu erholen, stürzt die Wirtschaft immer weiter ab.

Soweit Keynes. Die Argumentation ist allerdings nicht schlüssig, weil auch in seinem Modell bei flexiblen Löhnen und Preisen ein theoretischer Mechanismus existiert, der in Richtung einer wirtschaftlichen Erholung wirkt. Es handelt sich um den sogenannten Realkasseneffekt, der Keynes im Grundsatz bekannt war, aber hauptsächlich von Arthur Cecil Pigou und Donald Patinkin ausgearbeitet wurde. Wir haben oben gesehen, dass Privatpersonen und Unternehmen Geld halten. Mit sinkenden Güterpreisen nimmt der reale Wert der Geldbestände zu, was eigentlich zu zusätzlichen Ausgaben führen sollte – sei es in Form von Konsumausgaben, was die effektive Nachfrage stärkt, oder durch Wertpapierkäufe, was den Kapitalmarktzins tendenziell senkt und damit Investitionen begünstigt. Kein bedeutender Ökonom hat jemals behauptet, dass der Realkassenenffekt in der Praxis eine große Bedeutung besitzt, weil die zusätzlichen Ausgaben sehr gering sein dürften. Insofern ändert seine Existenz nichts an den wirtschaftspolitischen Schlussfolgerungen von Keynes. Aber rein theoretisch stellt er die Auffassung in Frage, dass sich das Modell von Keynes mit flexiblen Löhnen und Preisen verbinden lässt. Auch das ist ein Grund, warum in der Nachkriegszeit viele Keynesianer die Lehre ihres Meisters nur auf Situationen unflexibler Löhne anwenden wollten.

Politische Konsequenzen

Im Modell von Keynes erreicht die Wirtschaft wegen eines Mangels an effektiver Nachfrage nicht ihr Optimum. Die Unternehmer investieren wegen pessimistischer Erwartungen nicht genug, während pessimistische Erwartungen die Konsumenten dazu treiben, mehr Geld zu halten, anstatt es auszugeben. Man kann nicht darauf vertrauen, dass die Wirtschaft von selbst ihr Optimum findet. Daher stellt sich die Frage: Kann der Staat unterstützend eingreifen?

Prinzipiell verfügt der Staat über zwei Strategien, die meist Hand in Hand gehen: Er kann Vertrauen schaffen und damit die Erwartungen von Unternehmern und Privatpersonen zu stabilisieren versuchen. Die Zusicherungen mehrerer Regierungen nach dem Untergang der Investmentbank Lehman Brothers im vergangenen Jahr, wonach die Kundeneinlagen bei Banken sicher seien und keine bedeutende Bank mehr in Insolvenz gehen werde, waren solche vertrauensbildenden Maßnahmen. Die Politik kann sich aber über Ankündigungen hinaus veranlasst sehen, selbst gesamtwirtschaftliche Nachfrage zu schaffen, um eine in einer Krise befindliche Wirtschaft wieder in Schwung zu bringen. Mehrere Politikoptionen kommen in Betracht:

1. Die Notenbank kann ihr Geldangebot vergrößern, um eine Zinssenkung herbeizuführen. Niedrigere Zinsen würden tendenziell Investitionen anregen. Expansive Geldpolitik ist eine klassische Medizin gegen Konjunkturkrisen, und auch Keynes war lange von ihrer Wirksamkeit überzeugt. Sie ist auch immer ein fester Bestandteil Keynesscher Krisenbekämpfung geblieben. Die Erfahrung der Weltwirtschaftskrise ließ den Briten aber daran zweifeln, dass expansive Geldpolitik alleine eine Wirtschaft immer aus der Krise führen kann. Seine Theorie enthält eine Situation, in dem die Geldpolitik versagt: die sogenannte Liquiditätsfalle. Hier sind die Unternehmen und Privatpersonen derart pessimistisch eingestellt, dass zusätzliches Geld auch bei sehr niedrigen Zinsen einfach gehalten – das heißt, weder von den Konsumenten ausgegeben noch von den Unternehmen für Investitionen verwendet – wird. Inwieweit die Liquiditätsfalle ein realistisches Szenario beschreibt, ist unter Ökonomen umstritten. Die hohe Liquiditätspräferenz in den Monaten nach dem Zusammenbruch von Lehman Brothers, als Banken trotz Zinssätzen von nahe null Prozent Überschussreserven bei der Notenbank unterhielten, anstatt zu höheren Zinsen Kredite an Unternehmen und Privatpersonen zu vergeben, ließ Gedan-

ken an eine Liquiditätsfalle aufkommen. In einer solchen Situation versagt die Quantitätstheorie des Geldes, die nach einer Zunahme der Geldmenge eine steigende Inflationsrate postuliert. Weil in der Liquiditätsfalle das zusätzliche Geld nicht ausgegeben, sondern gehortet wird, schlägt sich das zusätzliche Geld nicht in Form von Steigerungen des Preisniveaus nieder. Japan betrieb in den neunziger Jahren eine extrem expansive Geldpolitik, ohne damit die Wirtschaft anzuregen oder Inflation zu erzeugen.

2. Mit dem Namen Keynes verbindet sich das Konzept schuldenfinanzierter Staatsausgaben zur Anregung der gesamtwirtschaftlichen Nachfrage. Der Staat absorbiert zumindest einen Teil der aus Gründen der Liquiditätspräferenz gehaltenen Mittel und verwendet sie für Investitionsausgaben. Diesem Thema ist ein eigenes Kapitel gewidmet (Kapitel II, 2).

3. Die Anregung des Konsums kann im Modell von Keynes auch durch eine Umverteilung von oben nach unten geschehen, etwa durch Steuerpolitik. Da die Reichen eine niedrigere Konsumquote als die Armen haben, müsste sich Umverteilung in Form höherer Konsumausgaben äußern. Keynes war aber kein großer Umverteiler.

4. Staatsverschuldung und Umverteilung von oben nach unten machte keynesianische Politik vor allem in Unternehmerkreisen unbeliebt. Akzeptabel wurde Keynes in diesen Kreisen, als Keynesianer in den sechziger Jahren in den

Vereinigten Staaten Staatsverschuldung mit Steuersenkungen kombinierten, um auf diese Weise die Wirtschaft anzukurbeln, denn Steuersenkungen erhöhen das verfügbare Einkommen und damit die Konsummöglichkeiten.

Keynes hatte in den frühen dreißiger Jahren selbst einmal ein aus Steuersenkungen und staatlichen Investitionen kombiniertes Programm befürwortet, das allerdings nicht sehr umfangreich war. Man kann mit dem Namen Keynes durchaus schuldenfinanzierte Steuersenkungen verbinden, allerdings mit zwei wesentlichen Einschränkungen: In einer Liquiditätsfalle funktionieren Steuersenkungen nicht, weil extrem pessimistische Erwartungen nur zur Hortung des zusätzlichen Einkommens führen, aber nicht zu mehr Konsum und zu mehr Investitionen. Jenseits der seltenen Liquiditätsfalle wirken Steuersenkungen vor allem, wenn Haushalte mit niedrigen oder mittleren Einkommen von ihnen profitieren, da sie zumindest einen bedeutenden Teil des zusätzlichen Einkommens für Konsumausgaben verwenden dürfen. Kommen Steuersenkungen vor allem Reichen zugute, steigen die Konsumausgaben kaum, weil Reiche zusätzliches Einkommen vor allem für zusätzliche Ersparnisse nutzen werden.

5. Nicht aus dem Konzept von Keynes lässt sich die sogenannte Einkommenspolitik herleiten, die in einer Krise die gesamtwirtschaftliche Nachfrage durch Lohnerhöhungen stärken will, wie es vor allem Gewerkschaften, aber gerade

in Deutschland in der Nachkriegszeit keynesianische Ökonomen immer wieder gefordert haben. Keynes hatte
bekanntlich die klassische Lohntheorie nie völlig abgelehnt: „Eine Zunahme der Beschäftigung kann sich nur
durch eine begleitende Senkung der Reallöhne einstellen.
Ich bestreite diese vitale Tatsache nicht, die von den klassischen Ökonomen zu recht als unantastbar bezeichnet
wurde." Lohnerhöhungen in der Krise führen zum Abbau
von Arbeitsplätzen, nicht zur Schaffung neuer Stellen. Hier
blieb Keynes völlig konventionell – sehr zum Ärger manches „linken" Interpreten.

6. Richtige Politik besteht auch darin, alles zu unterlassen,
was die Erwartungen von Unternehmen und Konsumenten
noch pessimistischer stimmen könnte. Keynes schrieb einmal dem amerikanischen Präsidenten Franklin D. Roosevelt eine kritische Stellungnahme zu einzelnen Maßnahmen
von dessen „New Deal", die er als Belastung des Unterneh-
mervertrauens verstand. Keynes sah auch, dass übertriebene Staatsverschuldung die Stimmung von Unternehmern
belasten kann.

Eigenarten der Allgemeinen Theorie

1. Die *Allgemeine Theorie* arbeitet vorwiegend mit Aggregaten wie dem gesamtwirtschaftlichen Konsum oder der
gesamtwirtschaftlichen Investition. Damit hat sie das
heute weitverbreitete Gebiet der Makroökonomik, der

gesamtwirtschaftlichen Analyse, begründet. Da Keynes genau analysiert, wie sich die einzelnen Aggregate zueinander verhalten, ist auch von Kreislaufanalysen die Rede. Die Makroökonomik ist heute einer der wichtigsten Zweige in der Wirtschaftslehre, aber es lassen sich zwei Probleme anführen. Man kann aus einer konsequent individualistischen Weltsicht jede Aggregatbildung als unzulässig oder sogar schädlich ansehen. Das war die Position von Liberalen wie Ludwig von Mises oder Friedrich von Hayek. Sie betrachteten schon den Gedanken an Aggregate als Ausdruck sozialistischer Gesinnung. Schädlich ist sie aus dieser Perspektive in der Praxis vor allem, weil sich aus einer solchen Theorie Staatseingriffe wie die Aufnahme von Schulden oder Umverteilungspolitik begründen lässt, die Liberale ablehnen. Das ist die Fundamentalkritik an der Makroökonomik. Man kann aber auch Makroökonom sein, also gesamtwirtschaftlich denken, und trotzdem Kritik an der Aggregatbildung äußern. So werden hier Verhaltensannahmen einfach postuliert: Die Ersparnis ist vor allem vom aktuellen Einkommen abhängig und die Investitionen vor allem vom Zins. Das kann richtig sein oder falsch; die Annahmen leiten sich aber nicht zwingend aus der Theorie ab. Das theoretische Fundament ist wacklig.

2. Das Denken in Aggregaten hat in der Folge sehr stark die Erhebung von Wirtschaftsdaten zur Berechnung dieser Aggregate gefördert. Das ist eine der weitreichendsten Folgen der *Allgemeinen Theorie.* Gleichzeitig hat die Existenz

umfangreicher Datensätze die Ökonometrie als Zweig der Wirtschaftslehre ungeheuer gefördert. Viele Ökonomen begannen sich empirisch zum Beispiel mit der Frage zu befassen, ob sich wirklich eine Zinsabhängigkeit der Investitionen nachweisen lässt. Radikale Liberale im Geiste von Mises und Hayek sehen darin eine grundlegende Fehlentwicklung des Faches, weil Ökonomen aus ihrer Sicht vor allem denken und nicht rechnen sollten. Sie stehen der quantitativen Ökonomik, die das Fach seit langem beherrscht, ablehnend gegenüber.

3. Die *Allgemeine Theorie* ist ganz überwiegend eine Theorie der kurzen Frist. Das lässt sich unter anderem daran erkennen, dass zwar investiert wird, der mit den Investitionen verbundene Zuwachs an Produktionskapazitäten aber keine Berücksichtigung findet. Das entspricht dem Denken von Keynes, wie es in seinem berühmtesten Zitat, das schon aus den zwanziger Jahren stammte, zum Ausdruck kam:

„Lange Sicht führt bei Tagesfragen in die Irre. Auf lange Sicht sind wir alle tot. Die Ökonomen machen es sich zu leicht, wenn sie uns im Sturm nur sagen, dass das Meer wieder glatt sein wird, sobald der Sturm vorüber ist. Das ist zwecklos." Für langfristige Untersuchungen eignet sich der ursprüngliche Analyserahmen nicht, auch wenn er sich erweitern lässt. Insofern wirken Keynes' gelegentliche langfristige Betrachtungen im Rahmen seiner Analyse wie ein Fremdkörper.

4. Die *Allgemeine Theorie* ist zum einen unvollständig, weil sie keine Außenwirtschaftsbeziehungen und auch nicht die Rolle des Staates analysiert. Sie ist zum anderen wenig ausgearbeitet; Keynes wollte ja grundlegende Gedanken äußern. Damit wurde die *Allgemeine Theorie* zu einem verlockenden Steinbruch für junge, ehrgeizige Ökonomen, die aus ihr eine umfassende Theorie entwickeln wollten. Der Reiz des Unfertigen erklärt, warum sich so viele talentierte Ökonomen in der frühen Nachkriegszeit dieser Theorie zuwendeten.

5. Die *Allgemeine Theorie* ist kein kompaktes, in sich geschlossenes Werk. Sie spricht viele Themen an, arbeitet sie aber nicht alle aus, und sie lässt Mehrdeutigkeiten zu, die das Ergebnis einer verbalen Präsentation sind, die auf eine schlüssige mathematische Herleitung verzichtet. Aus diesem Grunde, aber vor allem auch wegen ihrer jeweiligen politischen Präferenzen, haben die Keynes-Epigonen sehr unterschiedliche Schlüsse aus dem Werk gezogen. So ist aus Partien des Buches eine „linke", kapitalismuskritische Interpretation sehr wohl möglich. Diese Interpretation haben vor allem die Schüler des Meisters in Cambridge bevorzugt, aber es ist fraglich, dass dies dem Willen des Meisters entsprach. „Wir hatten manchmal einige Schwierigkeiten, um Maynard zu zeigen, worin seine Revolution eigentlich bestand", erinnerte sich seine Schülerin Joan Robinson. Aus wieder anderen Partien sowie dem Gesamtwerk von Keynes lässt sich eine gemäßigt liberale Interpretation ableiten. Das ist die Interpretation vor allem des

amerikanischen Mainstream gewesen, die sich durchsetzte, die Theorie des Briten aber dafür arg glatt bügelte.

6. Die *Allgemeine Theorie* betont im Unterschied zum Sayschen Theorem vor allem die gesamtwirtschaftliche Nachfrage, aber sie befasst sich kaum mit den Angebotsbedingungen einer Wirtschaft. Keynes selbst wusste um die Bedeutung der Angebotsbedingungen, nicht aber viele seiner Jünger. Sie vernachlässigten die Weisheit des amerikanischen Keynesianers Paul Samuelson: *„The Lord gave us two Eyes to watch both Demand and Supply."* (*Gott gab uns zwei Augen, damit wir Nachfrage und Angebot betrachten.*)

2 DIE ROLLE DER FINANZPOLITIK

„Schuldenfinanzierte Ausgaben sind natürlich nicht der einzige Weg und nicht notwendigerweise der beste Weg, um die Beschäftigung zu steigern."
John Maynard Keynes

In der Öffentlichkeit und wohl auch unter vielen Ökonomen verbindet sich die Chiffre „Keynes" in erster Linie – und vielleicht sogar fast ausschließlich – mit der Forderung nach schuldenfinanzierten staatlichen Ausgabenprogrammen in schlechten wirtschaftlichen Zeiten.

Keynes hat solche Programme tatsächlich mehrfach vertreten, aber insgesamt finden sich in seinem Werk erstaunlich wenige Hinweise auf schuldenfinanzierte Finanzpolitik, und selbst in der *Allgemeinen Theorie* wird sie nur am Rande erwähnt. Hierfür gibt es zwei Gründe: Zum einen unterschied Keynes streng zwischen Theorie und Politik, und als Ökonom betrachtete er sich eher als Lieferant von Ideen: „Mein Interesse liegt vor allem in der Bereitstellung gesunden und wissenschaftlichen Denkens über unsere wesentlichen Probleme. Bevor dieses Denken in die Praxis übertragen werden kann, muss es sich mit Politik und Leidenschaften verbinden wie jede Art von Denken, und die Natur des Ergebnisses kann ich nicht genau vorhersehen." Zum zweiten hielt Keynes wenig von überzeitlichen wirtschaftspolitischen Prinzipien, sofern es um den Einsatz von Instrumenten ging. Hier musste die Politik situationsbedingt über den Einsatz des geeigneten Instruments befinden.

Die Ökonomen Roger E. Backhouse und Bradley W. Bateman (2008) haben in einer Studie darauf verwiesen, dass Keynes' Vorschläge für den Instrumenteneinsatz von seinem Grundgedanken geleitet waren, wonach Politik versuchen sollte, Vertrauen zu schaffen und die Unsicherheit von Konsumenten und Produzenten zu reduzieren. Hierzu hielt Keynes eine Politik, die sich zumindest längerfristig am Ziel des staatlichen Haushaltsausgleichs orientierte, für vertrauensbildend.

Sie verwiesen unter anderem auf Keynes' Abkehr vom Freihandel im Jahre 1931, als das Pfund noch an das Gold gebunden war. Keynes befürwortete im Unterschied zu den traditionellen Ansichten der Regierung, die als *Treasury View* in die Wirtschaftsgeschichte eingegangen sind, zu jener Zeit ein staatliches Ausgabenprogramm, um die Konjunktur anzuregen. Die Einführung von Zöllen sollte der Beschaffung von Geldern zur Finanzierung dieser zusätzlichen Staatsausgaben dienen. Er wies ausdrücklich darauf hin, dass ein Verzicht auf Zolleinnahmen den Haushaltsausgleich gefährden und damit das Vertrauen der Unternehmen belasten würde.

Keynes argumentierte damals für expansive Finanzpolitik, weil expansive Geldpolitik wegen der Bindung des Pfund an das Gold nicht zur Verfügung stand. Zinssenkungen hätten Kapitalexporte und Goldabflüsse zur Folge gehabt, nach denen die Bank of England ihre Zinsen wieder hätte erhöhen müssen. Bald darauf gab die Regierung die Goldbindung der Währung auf, worauf Keynes nicht länger für staatliche Ausgabenprogramme votierte, weil nun die Bank of England die Zinsen senken konnte.

Als Keynes in den späten zwanziger Jahren ein bescheidenes staatliches heimisches Investitionsprogramm befürwortet hatte, wollte er es unter anderem durch eine Reduzierung der Kapitalexporte finanzieren, die damals zu einem nicht geringen Teil in die Kolonien gingen. Der Staat hatte in seinen Vorschriften für mündelsichere Anlagen Anleihen Großbritanniens und der Kolonien mit der gleichen Bonität versehen, was den Kapitalexport förderte. Keynes fand es absurd, dass eine Kolonie wie Rhodesien, in der nur wenige zehntausende Weiße wohnten und die wirtschaftlich kaum entwickelt war, dank der Londoner Regulierungen zu Zinsen wie das Mutterland Anleihen am Kapitalmarkt auflegen konnte.

In der Mitte der dreißiger Jahre trat Keynes dann wie andere Ökonomen zu jener Zeit für die Aufnahme von Staatschulden zur Finanzierung von Ausgaben und Steuersenkungen ein, weil er nicht länger darauf vertraute, dass eine Geldpolitik der niedrigen Zinsen zur Wirtschaftsbelebung ausreichen würde. Allerdings waren die von ihm genannten Beträge im Vergleich zu den Schuldenorgien unserer Tage gering. Als die Konjunktur tatsächlich ansprang, forderte er in Beiträgen in *The Times* entschieden eine Reduzierung der Staatsausgaben: „Drei Jahre zuvor war staatliche Politik zur Steigerung der Investitionen notwendig. Es mag bald ebenso wichtig sein, bestimmte Arten von Investitionen zu verzögern, um unsere am leichtesten verfügbare Munition für Zeiten aufzubewahren, in denen sie eher benötigt wird ... Gerade so wie es für die Regierung ratsam war, während der Krise Schulden aufzunehmen, so ist es aus denselben Gründen für sie empfehlenswert, jetzt die entgegengesetzte Politik einzuschlagen ... Gerade so wie es für die Gebietskörperschaften empfehlenswert war, während der Krise auf Investitionsausgaben zu setzen, so ist es jetzt für sie ratsam, dass sie jedes Projekt verschieben, das aus vernünftigen Gründen jetzt nicht notwendig ist." In seiner Schrift zur Finanzierung des Krieges aus dem Jahre 1940 betonte er ebenfalls die Bedeutung einer soliden Finanzpolitik. Der Brite war alles andere als ein finanzpolitischer Desperado: Im Boom musste der zuvor expansiven Finanzpolitik eine restriktive Politik folgen.

Manche Keynes-Kritiker wollen dennoch über einen Beleg verfügen, der ihn als einen Befürworter hemmungsloser Schuldenpolitik entlarvt. Das ist seine Haltung gegenüber Abba Lerners Konzept der „Funktionellen Finanzpolitik" (Functional Finance). Lerner war ursprünglich ein Schüler Hayeks gewesen, der in den dreißiger Jahren zum Anhänger von Keynes wurde. Nach seiner Emigration in die Vereinigten Staaten entwickelte er ein finanzpolitisches Konzept, das einen großzügigeren Zugang zur Schuldenpolitik in Konjunkturkrisen vorsah, als Keynes dies jemals vorgesehen hatte. Im Zusammenhang mit Lerners Ideen und

163

nicht mit Keynes entstand der populäre Begriff des *Deficit spending*. Keynes besaß Respekt gegenüber dem theoretischen Ansatz von Lerner, so wie er innovativen theoretischen Ideen junger Ökonomen immer vorurteilsfrei begegnet war, und er konnte sich sogar vorstellen, diese Ideen mit den Experten des britischen Finanzministeriums zu diskutieren. Daraus entstand die Ansicht, Keynes habe Lerners Ideen auch politisch unterstützt.

Dem war allerdings nicht so, denn Keynes unterschied bekanntlich zwischen Theorie und Praxis. Während eines Treffens mit jungen amerikanischen Jüngern in Washington bezeichnete er in Lerners Anwesenheit und zu dessen tiefer Enttäuschung derartige Ideen wörtlich als „Humbug". In einem Brief an den Ökonomen James Meade schrieb Keynes, Lerners Argumentation wäre theoretisch beeindruckend, aber der Himmel möge verhindern, dass sie beim damaligen Stand der Erkenntnisse ausprobiert würde. An anderer Stelle bemerkte er: „Ich sage immer noch, dass die funktionelle Finanzpolitik eine Idee und keine Politik ist. Sie mag ein Teil eines Begriffsapparats sein, aber kein Teil eines Aktionsapparats, außer nach hochgradiger Verdünnung und erheblichen Einschränkungen. Meiner Meinung nach müssen die Ökonomen sehr sorgfältig zwischen beidem unterscheiden."

Nach Keynes' Tod wurde diese Unterscheidung von seinen Nachfolgern aufgegeben, und die Verwechslung von Keynes und Lerner wurde nicht mehr zu Kenntnis genommen.

Nicht selten nutzten Politiker und Ökonomen den großen Namen von Keynes, um Schuldenpolitik zu rechtfertigen. Angesichts der vielfältigen Erfahrungen mit schuldenfinanzierter Finanzpolitik und ihrer Wiederkehr in der aktuellen Krise seien die wichtigsten mit diesem Konzept verbundenen Probleme aufgeführt:

1. Keynes war gelegentlich für expansive Finanzpolitik in Krisen eingetreten, weil sie Vertrauen schaffen und zusätzliches Einkommen generieren würde. Allerdings hatte er langfristig für einen Haushaltsausgleich optiert, was die Rückführung der Defizite in guten wirtschaftlichen Zeiten voraussetzte. Diese Rückführung der Defizite unterblieb jedoch meist, und die ökonomische Theorie der Demokratie erklärt, warum: Politiker machen sich bei den Wählern unbeliebt, wenn sie zur Tilgung von Staatsschulden entweder Staatsausgaben kürzen oder Steuern erhöhen. Daher unterlassen sie die Tilgung von Staatsschulden, was langfristig den Aufbau der heutigen Schuldentürme erklärt.

2. Eine Variante dieses Arguments liefert die Theorie des politischen Konjunkturzyklus. Demnach tendieren Politiker kurz vor Wahlen zu schuldenfinanzierter Finanzpolitik, um auf diese Weise die Wirtschaft anzuregen und die Arbeitslosigkeit zu reduzieren. Damit erhöhen sie ihre Chancen auf eine Wiederwahl, während nach der Wahl die unpopuläre Reduzierung der Staatsverschuldung unterbleibt.

3. Die Wirkung expansiver Ausgabenpolitik hängt wesentlich vom Multiplikator ab. Viele empirische Untersuchungen der Nachkriegszeit belegen, dass die Multiplikatorwirkung nicht groß und vor allem nicht dauerhaft war und in jedem Falle geringer, als von Keynes erwartet. Dann kann die Finanzpolitik bestenfalls ein Strohfeuer entfachen, aber kein längerfristig brennendes Feuer. Dieser Punkt wird auch von pragmatischen Keynesianern (Clarke 2009) akzeptiert. Ob dieser Einwand für die aktuelle Krise gilt, ist aber nicht sicher. Die empirischen Untersuchungen betreffen überwiegend Fälle, in denen einzelne Länder oder Regionen Ausgabenpolitik betrieben haben, und dann versickert ein Teil des Impulses über den Außenhandel ins Ausland. In der aktuellen Krise wird expansive Finanzpolitik jedoch global betrieben, was die Sickerverluste reduzieren könnte.

4. Ein einflussreiches Argument Milton Friedmans besagt, dass expansive Finanzpolitik nur mit Zeitverzögerung wirkt und dann eventuell sogar schadet. Neue Straßen, Schulen oder Eisenbahnlinien entstehen nicht von heute auf morgen, sondern bedürfen eines zeitaufwendigen Planungs-, Genehmigungs- und Ausschreibungsprozesses. Damit wird die Finanzpolitik eventuell erst wirksam, wenn sich die Wirtschaft längst wieder erholt hat, und trägt dann zu einem möglicherweise extremen Boom bei, der den Keim der nächsten Krise in sich trägt. Eine aktuelle Untersuchung des Internationalen Währungsfonds über frühere Programme ergibt einen gemischten Befund. Mal

reagierte die Finanzpolitik zeitgerecht, mal kam sie zu spät. Friedmans Einwand gilt jedoch nicht für expansive Politik durch Steuersenkungen statt durch Ausgabenprogramme, weil Steuern unmittelbar gesenkt werden können. Friedmans Argument vernachlässigt auch den möglicherweise sofort wirkenden positiven Effekt der Ankündigung expansiver Finanzpolitik auf die Erwartungen der Menschen.

5. Ein ebenso radikales wie elegantes Theorem, das von David Ricardo und Robert Barro stammt, bestreitet jeden expansiven Effekt von Finanzpolitik. Es beruht auf der Annahme, dass die Menschen dank rationaler Erwartungen die zur Tilgung der Schulden später notwendigen Steuererhöhungen antizipieren und schon bei der Ankündigung schuldenfinanzierter Staatsausgaben Ersparnisse für die späteren Steuerzahlungen bilden. In diesem Falle wird der expansive Effekt der Finanzpolitik durch den Konsumverzicht der Menschen neutralisiert. Dieses sogenannte Äquivalenztheorem (weil in diesem Modell Schulden und Steuern äquivalent sind) beruht auf sehr rigiden Annahmen. So wird unterstellt, dass die Menschen auch dann für künftige Steuern Vorsorge tragen, wenn sie vielleicht erst ihre Nachkommen betreffen. Viele Menschen haben aber gar keine Nachkommen. Gleichwohl findet das Äquivalenztheorem in modernen makroökonomischen Modellen Verwendung und seine empirische Überprüfung hat, so realitätsfern manche Annahmen auch sein mögen, zumindest widersprüchliche Ergebnisse geliefert.

6. Ein verbreitetes Argument gegen die Schuldenlastthese besagt, dass staatliche Investitionspolitik nicht nur Schulden erzeugt, sondern auch langfristig nutzbares Vermögen. Von der Grundsanierung einer Autobahnbrücke oder dem Bau einer Eisenbahnstrecke profitieren wahrscheinlich auch noch künftige Generationen, weshalb es nicht unbillig ist, dass die Nachkommen zumindest einen Teil der Ausgaben über Steuern zurückzahlen. Dieses grundsätzlich nicht gänzlich abwegige Argument ist jedoch aus der Mode gekommen. So ist unklar, ob die künftigen Generationen Investitionen unserer Zeit überhaupt als sinnvoll ansehen. Sie mögen beispielsweise ein modernes Kohlekraftwerk als ökologische Dreckschleuder wahrnehmen. Generell erweisen sich viele staatliche Ausgaben wie Repräsentativbauten auf lange Sicht nicht als rentable Investitionen.

7. Eine weitere Kritik an staatlichen Investitionen besagt, dass sie private Investitionen verdrängen können und dann keinen Nutzen stiften *(Crowding out)*. Wenn der Kapitalmarktzins mit der staatlichen Verschuldung ansteigt, werden private Investitionen nicht mehr rentabel, die sich beim ursprünglichen Zins vielleicht noch gelohnt hätten. Während dieses Argument für eine dynamische Wirtschaft zutrifft, ist es für eine in einer tiefen Krise befindliche Wirtschaft fragwürdig. In der aktuellen Lage investieren Unternehmen wegen pessimistischer Absatzerwartungen trotz niedriger Zinsen kaum. Derzeit dürften durch die Platzierung von Staatsanleihen wenig private Investitions-

projekte verdrängt werden. Sobald die Wirtschaft wieder anspringt, mag sich dies ändern.

8. Der Anteil des Staates (einschließlich Sozialversicherung) am Bruttoinlandsprodukt liegt heute in den Industrienationen deutlich höher als zu Keynes' Zeiten. Nicht zuletzt haben Sozialleistungen an Bedeutung gewonnen, die auch in Krisenzeiten an die Empfänger gezahlt werden. Die Fachwelt spricht von „automatischen Stabilisatoren", weil die Sozialleistungen in Krisen für eine Stabilität der gesamtwirtschaftlichen Nachfrage sorgen, die in der Vorkriegszeit unbekannt war. Mit dem Hinweis auf diese „automatischen Stabilisatoren" wird der Sinn zusätzlicher expansiver Finanzpolitik in Phasen schwacher Konjunktur bestritten. Die Frage stellt sich allerdings, ob in einer schweren Krise wie der aktuellen das Vertrauen auf die „automatischen Stabilisatoren" ausreicht.

3   DAS SPARPARADOXON

Kaum ein Element der Lehre von Keynes war und ist so
unerbittlicher Kritik ausgesetzt wie das Sparparadoxon. Es
besagt, dass in einer Wirtschaftskrise ein aus individueller
Sicht durchaus verständlicher Versuch der Menschen, aus
Vorsichtsgründen mehr zu sparen, letztlich zur Verschärfung der Krise und am Ende zu weniger Ersparnis führt.
Bevor wir die Einwände behandeln, wollen wir das Sparparadoxon in seiner einfachsten Version verbal aus der Theorie von Keynes ableiten. Mathematische und graphische
Darstellungen finden sich in jedem makroökonomischen
Lehrbuch, das die Theorie von Keynes behandelt.

Zunächst sei betont, dass sich die Gültigkeit des Sparpara-
doxons auf eine Wirtschaft in der Krise beschränkt; bei
Vollbeschäftigung gilt es nicht. Wie sich das Paradoxon in
der Krise ableiten lässt, hat auf einfache Weise Paul
Samuelson in seinem Lehrbuch beschrieben: „Bei Arbeitslosigkeit kann der Versuch zu sparen zu weniger anstatt zu
mehr Ersparnissen führen. Der Einzelne, der spart, schränkt
seinen Konsum ein. Dadurch wird Kaufkraft zerstört und
das Einkommen eines anderen vermindert. Denn die Ausgaben des einen sind die Einnahmen des anderen. Wenn es
einem gelingt, mehr zu sparen, so nur deshalb, weil ein
anderer gezwungen ist, weniger zu sparen. Wenn es dem

Ableitung von Paul Samuelson

einen glückt, mehr Geld zu horten, so nur deshalb, weil ein anderer auf das Geld verzichten muss. Würden alle versuchen, Geld zu horten, würde es keineswegs allen gelingen. Aber sie würden insgesamt die Umlaufgeschwindigkeit des Geldes und damit die Höhe des Bruttoinlandsprodukts verringern … Das geschieht so lange, bis jeder so arm ist, dass er nicht länger versucht, mehr zu sparen als investiert werden kann."

Weil die Höhe der Investitionen von den Absatzmöglichkeiten, sprich vom künftigen Bruttoinlandsprodukt abhängt, reduzieren die Unternehmen ihre Investitionen, wenn Kaufkraft in Form höherer Ersparnis gebunden wird. Dann sinkt das Bruttoinlandsprodukt, was einen weiteren Rückgang der Investitionen zur Folge hätte. So entsteht ein kumulativer Prozess, der im Extremfall bis zur Verarmung der Menschen führt und ihnen die Möglichkeit nimmt zu sparen. Dieser kumulative Prozess setzt ein, weil in der Ausgangssituation die Menschen versuchten, mehr zu sparen.

Der Widerstand gegen das Paradoxon wurde auf drei Ebenen geliefert.

1. Viele Konservative und Liberale sahen darin einen Angriff auf eine bürgerliche Tugend, das Sparen, und erkannten im Sparparadoxon eine Facette des „unmoralischen" Keynes, dem die Werte der bürgerlichen Gesellschaft fremd gewesen seien. Die Kritiker betrachteten die

Bildung von Ersparnissen als eine völlig vernünftige und vorbildliche Verhaltensweise von Menschen, die für ihr Alter vorsorgen wollen, und von Familienvätern, die Rücklagen für schlechte Zeiten bilden wollen. In Anbetracht der Verve, mit der Keynes seit Mitte der zwanziger Jahre zur Überwindung der Wirtschaftskrise Konsumausgaben propagiert und gegen die kapitalbildenden *Rentiers* geätzt hatte, erscheint diese Kritik verständlich. Geradezu grotesk klingt, wie sich Keynes im Jahre 1931 in einer Radiosendung an die britischen Hausfrauen wandte: „Daher, oh patriotische Hausfrauen, brecht morgen früh in die Straßen auf und geht zu den Verkäufen, die überall beworben werden. Ihr werdet euch selbst Gutes tun – denn niemals war es so billig, noch billiger als in euren Träumen. Legt Bestände an Haushaltswäsche, Betttüchern und Decken an, um eure Bedürfnisse zu befriedigen. Und habt die zusätzliche Freude, dass ihr damit Arbeit schafft, die zum Wohlstand des Landes beiträgt, weil ihr nützliche Dinge in Gang setzt und damit eine Chance und Hoffnung nach Lancashire, Yorkshire und Belfast bringt." Wie Elizabeth Johnson berichtete, erschienen danach in britischen Zeitungen Karikaturen emsiger Hausfrauen, die mit ihren Einkäufen Keynes zuschütteten. Diese Karikaturen hatte er verdient.

Tatsächlich war Keynes' Haltung gegenüber dem Sparen keineswegs nur abwertend. In seiner Analyse der Zeit vor dem Ersten Weltkrieg hatte er die Ersparnisbildung als eine Grundvoraussetzung für das kräftige Wirtschaftswachstum gepriesen. Und auch zur Zeit der *Allgemeinen*

Theorie besaß Keynes eine stille Sympathie für die bürgerliche Tugend des Sparens. In seinem Buch nennt er acht Motive für die Bildung von Ersparnissen, die keineswegs alle verdammenswert sind: Vorsicht, Voraussicht, Berechnung, Verbesserung, Unabhängigkeit, Unternehmungslust, Stolz und Geiz. Nach der Veröffentlichung der *Allgemeinen Theorie* hielt ihm der französische Wirtschaftsjournalist Marcel Labordère, der mit Keynes jahrzehntelang in Briefkontakt stand, vor: „Der *Rentier* ist nicht nur, oder vor allem, wegen seiner Spareigung nützlich, sondern aus tieferen Gründen. Stabile Vermögen, die durch Vererbung gesicherte Dauerhaftigkeit von Familien und die Existenz von Familien mit unterschiedlichem sozialen Ansehen sind ein unsichtbares soziales Vermögen, von dem jede Art von Kultur mehr oder weniger abhängt. Es wäre aus historischer Perspektive eine kurzsichtige Politik, die Interessen der Rentierklasse zu übersehen, die mildtätige, menschliche, wissenschaftliche, literarische Institutionen und Personen beinhaltet. Finanzielle Sicherheit für das eigene Leben ist eine notwendige Bedingung für geregelte Freizeit und Gedanken. Geregelte Freizeit und Gedanken sind eine notwendige Bedingung für eine wahre, nicht mechanische Zivilisation."

Auf diese konservative Kritik antwortete Keynes zustimmend: „Ich stimme damit völlig überein, und ich wünschte, ich hätte es mit Ihren Worten ausgedrückt. Je älter ich werde, umso mehr bin ich davon überzeugt, dass Sie hier etwas Wahres und Wichtiges sagen." Etwas anderes war von Keynes, dem Abkömmling der bürgerlichen Gesellschaft von Cambridge, auch gar nicht zu erwarten. Allerdings fürchtete Keynes, mit diesen Positionen als zu altmodisch zu gelten: „Aber ich darf Ihnen nicht erlauben, mich zu konservativ zu machen." Keynes war in vielem bürgerlich und konservativ, aber er war auch nicht bereit, dies öffentlich zu äußern. Insofern ist die Kritik am unmoralischen und unbürgerlichen Keynes angesichts von dessen öffentlichen Äußerungen berechtigt. Aber sie traf nicht seine eigentlichen Ansichten, was den Kritikern nicht vorzuwerfen ist.

2. Das Sparparadoxon widerspricht dem marktwirtschaftlichen Grundprinzip von Smiths „unsichtbarer Hand", wonach sich als Ergebnis der Nutzenmaximierung jedes Einzelnen auch der Gesamtnutzen der Gemeinschaft maximiert. Das Sparparadoxon behauptet das Gegenteil, indem der Versuch Einzelner, ihren Nutzen durch eine höhere Ersparnis zu maximieren, gesamtwirtschaftlichen Schaden anrichtet. Man spricht in der modernen Ökonomik vom „Fehlschluss der Verallgemeinerung" *(Fallacy of Composition).* Dass solche Fehlschlüsse der Verallgemeinerung in der Wirtschaftspraxis durchaus vorkommen können, zeigt der *Bankrun.* In Zeiten schwindenden Vertrauens in die Solidität von Banken ist es aus der Sicht jedes einzelnen Bankkunden vernünftig, wenn er sein Guthaben abheben will und von der Bank die Auszahlung in Bargeld fordert. Aber gerade dadurch, dass viele Kunden die Bank stürmen, wird sie zahlungsunfähig, da sie nicht genügend Bargeld

besitzt, um alle Kunden auszuzahlen. Ein zweites Beispiel für den „Trugschluss der Verallgemeinerung" ließ sich in der aktuellen Finanzkrise beobachten, als sich die Banken misstrauten und sich gegenseitig kein Geld mehr leihen wollten. Aus der Sicht jeder einzelnen Bank war es vernünftig, einer anderen Bank kein Geld zu leihen, deren Bonität sich von außen nicht mehr beurteilen ließ. Aber gerade durch die Zurückhaltung jener Banken, die einen Geldüberschuss besaßen, diesen anderen Banken, die einen Kreditbedarf besaßen, zur Verfügung zu stellen, drohten die kreditsuchenden Banken zahlungsunfähig zu werden. Einen theoretischer Nachweis eines möglichen Fehlschlusses der Verallgemeinerung liefert das „Gefangenendilemma" in der Spieltheorie, das hier aus Platzgründen nicht behandelt werden kann, sich aber in den einschlägigen Lehrbüchern findet.

3. Das dritte Argument gegen das Sparparadoxon lautet, dass es aus einer fehlerhaften ökonomischen Analyse abgeleitet wird. Vertreter dieser Ansicht verweisen darauf, dass es in einer freien Marktwirtschaft immer einen Mechanismus („Selbstheilungskräfte des Marktes") gibt, der die Wirtschaft aus der Krise herausführt. Dieses Argument zielt nicht speziell auf das Sparparadoxon, sondern gegen die Theorie von Keynes insgesamt. Dementsprechend steht und fällt das Paradoxon mit der Lehre von Keynes.

4   DAS GESPENST DER INFLATION

„Inflation wie Deflation haben schwere Verletzungen verursacht."
John Maynard Keynes

Zu den merkwürdigsten Irrtümern in der Keynes-Interpretation zählt die These mancher Kritiker, der Brite habe Inflation (Geldentwertung) befürwortet oder zumindest toleriert. Es trifft durchaus zu, dass keynesianische Politik nach dem Zweiten Weltkrieg unter anderem deshalb scheiterte, weil ihre Anhänger nicht wussten, wie sie mit der Inflation umgehen sollten (Kapitel III, 1). Aber Keynes' Position ist eindeutig. Er hielt von der Inflation so wenig wie später Milton Friedman oder die Deutsche Bundesbank. Zuerst in den *Ökonomischen Konsequenzen des Friedensvertrags* hat Keynes eindrücklich vor verheerenden politischen Folgen der mit starker Inflation verbundenen Umverteilung gewarnt:

„Lenin soll gesagt haben, der beste Weg zur Zerstörung des kapitalistischen Systems sei die Zerrüttung seiner Währung. Regierungen können durch kontinuierliche Inflation geheim und unbeobachtet einen erheblichen Teil des Vermögens ihrer Bürger konfiszieren. Auf diese Weise konfiszieren sie nicht einfach, sie konfiszieren *willkürlich;* und während dieser Prozess viele verarmen lässt, bereichert er einige. Die Wahrnehmung dieser willkürlichen Neuordnung des Reichtums beeinträchtigt nicht nur die Sicherheit, sondern das Vertrauen in die Gleichheit der existierenden Vermögensverteilung. Jene, denen das System zufällige Gewinne jenseits ihrers Verdienstes und sogar jenseits ihrer Erwartungen oder ihrer Wünsche beschert, werden „Profiteure". Sie werden das Objekt des Hasses nicht weniger des Bürgertums, das durch die Inflation verarmt, als des Proletariats. Während die Inflation fortschreitet und der reale Wert der Währung wild von Monat zu Monat schwankt, geraten alle dauerhaften Beziehungen zwischen Gläubigern und Schuldnern, die ultimative Grundlage des Kapitalismus, so völlig außer Ordnung, dass sie bedeutungslos werden. Der Prozess der Vermögensbildung degeneriert zu einem Spiel und zu einer Lotterie."

Die Unternehmer können gar nicht einmal etwas zu ihrem Glück: „Die ‚Profiteure' sind, allgemein gesprochen, die Unternehmer, also der aktive und konstruktive Bestandteil der kapitalistischen Gesellschaft, die in einer Phase rapide steigender Preise gar nicht anders können, als schnell reich zu werden, ob sie das wollen oder nicht. Wenn die Preise kontinuierlich steigen, macht jeder Händler, der Lagerbestände besitzt oder Immobilien oder Fabriken besitzt, unausweichlich Gewinn. Indem sie Hass gegen diese Klasse richten, tragen die europäischen Regierungen die fatale Entwicklung einen Schritt weiter, die der subtile Geist von Lenin bewusst beschrieben hat."

Im *Traktat über Währungsreform* beschäftigte sich Keynes ausführlicher mit der Inflation und zusätzlich auch mit der Deflation, also einem Prozess mit negativen Inflationsraten, in dem das Geld gegenüber den Gütern an Wert gewinnt. Inflation war für Keynes ein in der Menschheitsgeschichte mit Ausnahme des 19. Jahrhunderts weitverbreitetes Phänomen, weil es verschuldeten Regierungen oder verschuldeten Gruppen von Privatpersonen, die Einfluss auf die Staatsgeschäfte erhalten, die Möglichkeit eröffnet, ihre Schulden zu entwerten. Er prägte den Begriff der „Inflationssteuer" für Bemühungen von Regierungen, unter anderem in Kriegen aufgelaufene Schulden durch Inflation zu finanzieren. Keynes analysierte im *Traktat* aber nicht nur Verteilungswirkungen, sondern auch die Folgen von Inflation und Deflation für die Güterproduktion. Im Grunde macht er Schwankungen des Geldwertes für nahezu alle ökonomischen Übel verantwortlich: „Arbeitslosigkeit, das prekäre Leben des Arbeiters, die Enttäuschung von Erwartungen, der plötzliche Verlust von Ersparnissen, exzessive Zufallsgewinne für Individuen, der Spekulant, der Profiteur – alles leitet sich in einem großen Maße von der Instabilität des Wertmaßstabs ab."

In einer ausführlichen Analyse gelangte Keynes zu dem Schluss, dass unter dem Gesichtspunkt der Verteilungswirkungen Inflation schädlicher ist als Deflation. Als hervorstechende Konsequenz der Inflation bezeichnet er „die Ungerechtigkeit gegenüber jenen, die in gutem Glauben ihre Ersparnisse eher in Geld als in Sachwerten" angelegt haben. Geht es aber um die Aussichten für die wirtschaftliche Entwicklung, hält Keynes Deflation für schädlicher als Inflation, vor allem, wenn die Menschen Veränderungen des Geldwertes erwarten. Die Erwartung eines steigenden Preisniveaus kann Unternehmen zu übertriebenen Investitionen veranlassen, während die Erwartung eines stetig fallenden Preisniveaus die Unternehmen von der Weiterführung ihre Produktion abhalten dürfte, da sie befürchten müssen, ihre Produkte nur noch mit Verlust zu verkaufen. Inflation kann einen wirtschaftlichen Boom auslösen, der aber keinen Bestand hat, während Deflation eine schwere Wirtschaftskrise auslösen kann, die sich möglicherweise verfestigt.

Keynes gelangte zu dem Schluss: „Somit ist die Inflation ungerecht und die Deflation unzweckmäßig." Im Zweifel zog Keynes eine milde Inflation einer milden Deflation vor, „denn es ist in einer verarmten Welt schlimmer, Arbeitslosigkeit zu provozieren als den *Rentier* zu enttäuschen". Aber er stellte auch klar, dass sich diese Alternative gar nicht stellt, denn beides seien Übel, die vermieden werden müssten: „Der heutige individuelle Kapitalismus setzt, gerade weil er die Ersparnis dem individuellen Anleger und die Produktion dem individuellen Arbeitgeber anvertraut, einen stabilen Wertmaßstab voraus, und kann ohne einen solchen nicht effizient funktionieren – und vielleicht nicht einmal überleben."

Keynes befasste sich im *Traktat* auch mit einer Frage von eminenter wirtschaftspolitischer Bedeutung. Was ist im Falle eines Zielkonflikts wichtiger: Innere Stabilität, also ein stabiles Güterpreisniveau, oder externe Stabilität, das heißt Stabilität der Wechselkurse? Solche Zielkonflikte sind durchaus möglich, wie ein bekannter Fall nach dem Zweiten Weltkrieg belegt. Im Währungssystem von Bretton Woods (Kapitel II, 5) mit seinen prinzipiell festen Wechselkursen begannen die Vereinigten Staaten ab Mitte der sechziger Jahre eine Inflationspolitik zu betreiben, die sich zum Teil mit den Kosten des Krieges in Vietnam erklärte. Die Amerikaner erzeugten also mehr Dollar, als mit einem stabilen Geldwert in ihrem Lande vereinbar war. Gleichzeitig löste die Dollarschwemme im Währungssystem einen Druck auf den Wechselkurs des Dollar zum Beispiel gegenüber der D-Mark aus, weil Deutschland keine Inflationspolitik betrieb und die D-Mark knapp hielt.

Da die Amerikaner an ihrer Inflationspolitik festhielten, ergaben sich für Deutschland nur zwei Möglichkeiten: Es konnte für eine Stabilität des Wechselkurses zwischen Dollar und D-Mark optieren. Dann hätte die Deutsche Bundesbank am Devisenmarkt Dollar gegen D-Mark kaufen müssen und auf diese Weise die D-Mark-Geldmenge ausgeweitet. Die Stabilität des Wechselkurses hätte von Deutschland folglich ebenfalls eine Inflationspolitik erfordert. Die zweite Option Deutschlands bestand darin, den inneren Geldwert zu sichern und keine Inflationspolitik zu betreiben. Dies würde aber am Devisenmarkt eine Aufwertung der D-Mark gegenüber dem Dollar zur Folge haben. So geschah es auch. Das Währungssystem von Bretton Woods brach in den frühen siebziger Jahren zusammen und die D-Mark gewann gegenüber dem Dollar deutlich an Wert.

Keynes hatte ein halbes Jahrhundert zuvor exakt die Position bezogen wie die Bundesbank viel später. Im Falle eines Zielkonflikts zwischen innerem und äußerem Geldwert genießt der innere Geldwert absolute Priorität.

Die Inflation spielte in der *Allgemeinen Theorie* eine Nebenrolle, in der damaligen Wirtschaftskrise war Geldentwertung kein Thema. Die Inflation tauchte aber in der Schrift über die Kriegsfinanzierung von 1940 wieder mit Macht auf. Einige britische Politiker erwogen damals, die Umstellung von einer Friedens- auf eine Kriegswirtschaft unter anderem durch Inflation zu finanzieren, was Keynes aber mit Gründen, die er schon 1923 im *Traktat* beschrieben hatte, entschieden ablehnte. Keynes' Haltung imponierte unter anderem Friedrich von Hayek. „Es mag Sie überraschen, aber während des Krieges habe ich auf Keynes' Seite gegen seine Kritiker gekämpft, da er viel Angst vor Inflation hatte", erinnerte er sich später. „Während der Kriegsjahre war die Inflation zur großen Gefahr geworden, nicht länger die Deflation."

Wenn Keynes aber Inflation so eindeutig ablehnte, wie konnte er in den Ruf eines Inflationisten geraten? In Einzelfällen mögen Unkenntnis sowie ideologisch motivierte Feindschaft eine Rolle gespielt haben, aber diese Begründungen reichen nicht aus. Ökonomen, die der Auffassung sind, dass auch in Wirtschaftskrisen der optimale Weg im Vertrauen auf die Selbstheilungskräfte des Marktes besteht, werden staatliche Konjunkturpolitik nicht nur als unnütz, sondern als schädlich diagnostizieren. Für sie trägt eine solche Politik den Keim zur Inflation in sich, unabhängig davon, ob sie intendiert war oder nicht. Bei dieser Betrachtung mag Keynes Inflation durchaus abgelehnt haben, aber er war auch ein Mann, der mit seinen Politikempfehlungen unwissentlich oder fahrlässig das Inflationsgespenst aus der Flasche ließ.

5 DAS REICH DER ENKEL

„Langfristig sind wir alle tot."
John Maynard Keynes

Keynes ist oft der Vorwurf gemacht worden, er habe ausschließlich kurzfristig gedacht und die langfristigen Aspekte seiner Politikvorschläge nicht bedacht. Keynes hat sich in seinem umfangreichen Werk jedoch an mehreren Stellen mit der sehr langfristigen Perspektive des Kapitalismus befasst; sein Kollege Pigou sprach von „Themen für den Tag des Jüngsten Gerichts". In einem Aufsatz über die wirtschaftlichen Möglichkeiten der Enkelgeneration warf Keynes einen Blick auf eine Welt, in der zuvor einhundert Jahre lang investiert wurde, in der die wesentlichen materiellen Bedürfnisse gedeckt sind und in der die Menschen mehr Zeit für die schönen Dinge des Lebens haben. Keynes nahm das Thema unter anderem in der *Allgemeinen Theorie* und in anderen Veröffentlichungen auf (Guthrie & Tarascio 1992).

Ob Keynes' langfristiges Szenario ein integraler Bestandteil seiner Theorie und vielleicht sogar ihre Krönung darstellt oder ob es sich mehr um idealistische, durch ökonomische Plausibilitätsüberlegungen angereicherte Zukunftsbetrachtungen handelt, bleibt eine Frage der Interpretation, für die auch die Zeitumstände, in denen Keynes lebte, nicht vergessen werden dürfen. „Die Wahrheit scheint zu sein, dass die ‚Vision' des Kapitalismus als eines Systems, das sich stets in der Gefahr befindet, in eine Stagnation zu fallen –

eine Vision, die die *Allgemeine Theorie* durchzieht und in einem gewissen Sinne sogar dominiert –, mehr auf Intuition und der Verallgemeinerung der britischen Erfahrungen der 1920er und frühen 1930er beruht als auf irgendeiner ernsthaften Analyse der Faktoren, die die Investitionsneigung berühren", schrieb der amerikanische Ökonom Paul Sweezy nach dem Zweiten Weltkrieg. Die Furcht vor Stagnation war im Großbritannien der Zwischenkriegszeit weitverbreitet gewesen. In der ökonomischen Debatte spielt das langfristige Zukunftsszenario seit langem so gut wie keine Rolle mehr, auch wenn es in der Mitte des 20. Jahrhunderts eifrig diskutiert wurde.

Keynes' Szenario geht dahin, dass in einer wachsenden Wirtschaft und unter der Annahme einer nicht allzu rasch zunehmenden Bevölkerung auf längere Sicht eine allmähliche Befriedigung der materiellen Bedürfnisse den Investitionsprozess und damit das Wirtschaftswachstum zum Anhalten bringt. Die Pointe dieses Gedankengangs besteht darin, dass sich der dynamische Kapitalismus des 19. Jahrhunderts quasi selbst verschlingt und gerade sein Erfolg als Akkumulationsmaschine ihn überflüssig macht. Natürlich wird in dieser Wirtschaft weiterhin produziert und konsumiert, auch bleibt technischer Fortschritt möglich, aber der triebhafte Wachstumszwang ist verschwunden. Zur Erklärung des menschlichen Verhaltens verwies Keynes auf psychologische Überlegungen. Er unterscheidet zwischen Gütern, die für das Überleben und den Alltagsbedarf notwendig sind. Für diese Güter deklarierte er eine Sättigungsgrenze. Daneben existieren Güter, die aus Gründen des Prestiges erworben werden oder aus Rivalität mit anderen Menschen. So mag ein Konsument auch deswegen eine Großraumlimousine anstelle eines Mittelklassewagens kaufen, weil er mit ihr im Freundes- und Kollegenkreis angeben will. Zu diesen sogenannten „positionalen Gütern", die die Stellung eines Menschen repräsentieren, zählen auch Spitzenpositionen in der Politik, in der Wirtschaft oder im Sport, um die Menschen wetteifern. Keynes war jedoch nicht davon überzeugt, dass in seinem Reich der Enkel auch die Nachfrage nach positionalen Gütern befriedigt sein würde.

Wenn nach einer Phase des Kapazitätsaufbaus durch Investitionen ein Zustand erreicht wird, in dem die Wirtschaft wegen der Befriedigung der Konsumbedürfnisse nicht mehr oder fast nicht mehr wächst und deshalb rentable Investitionsprojekte kaum mehr existieren, ist Kapital nicht mehr knapp und dann könnte der Zins im Extremfall bis auf null fallen, und der von Keynes verachtete *Rentier* würde auch keine Zinsansprüche auf seine Kapitalanlagen mehr stellen können. Keynes sprach von der „Euthanasie des *Rentiers*", und diese Aussicht gefiel ihm außerordentlich, wie er mit dem ihm eigenen sprachlichen Radikalismus beschrieb: „Die Liebe zum Geld als Besitz – zu unterscheiden vom Geld als einem Mittel für die Genüsse und die Wirklichkeit des Lebens – wird als das erkannt werden, was es ist: ein ziemlich widerliches Leiden, eine jener halb verbrecherischen, halb krankhaften Neigungen, die man mit Schaudern an die Fachleute für Geisteskrankheiten verweist."

Der Kapitalismus wäre seine schlimmste Sünde – die übertriebene Liebe zum Geld – losgeworden und die Menschen können sich angenehmeren Dingen zuwenden, zumal die Arbeitnehmer in diesem Reich der Fülle mehr Urlaub nehmen und auch ansonsten weniger arbeiten müssen. Im Aufsatz über die Enkelkinder erwähnte Keynes Drei-Stunden-Schichten oder Fünfzehn-Wochen-Stunden, die aber nicht aus einer ökonomischen Analyse abgeleitet, sondern einfach als Vision geschildert werden. Dort sah er aber längere psychologische Anpassungsprozesse voraus, weil viele Menschen erst einmal lernen müssten, nur noch wenig zu arbeiten und sich den schönen Dingen des Lebens zu widmen.

Man erkennt in dieser Vision deutlich den idealistischen Einfluss von Moore und Bloomsbury, der hier mit ökonomischen Erwägungen verknüpft wird. In der *Allgemeinen Theorie* und in einem Aufsatz aus dem Jahre 1943 befasste sich Keynes mit der Frage, wie dieser Zustand aufrechterhalten werden kann, und nach seiner Ansicht ging dies nicht ohne staatliche Einflussnahme auf den Investitionsprozess sowie durch Ermutigung zum Konsum. Denn im Reich der Enkelkinder drohten Wirtschaftskrise und Arbeitslosigkeit, weil viele Menschen sparen wollen, aber kaum mehr Bedarf für rentable Investitionen besteht. Anstatt zu sparen, müssten die Menschen mehr konsumieren, und als freiwillige Maßnahme kam Keynes ein „Mäzenatentum" der Reichen in den Sinn, dessen Bedeutung er allerdings nicht sehr hoch veranschlagte: „Soweit Millionäre ihre Befriedigung darin finden, mächtige Paläste zur Beherbergung ihrer Leiber während ihres Lebens und Pyramiden zu ihrer Bergung nach dem Tode zu errichten, oder in Bereuung ihrer Sünden Kathedralen erbauen und Klöster oder Missionen beschenken, kann der Tag, an dem die Fülle des Kapitals auf die Fülle der Produktion störend einwirkt, aufgeschoben werden. Das Graben von Löchern im Erdboden, bezahlt aus Ersparnissen, wird nicht nur die Beschäftigung, sondern auch das reale Einkommen der Volkswirtschaft an nützlichen Gütern und Dienstleistungen vermehren."

Der Pyramidenbau und das Graben von Löchern im Erdboden gehören zu den bekanntesten Bildern, die sich mit der Lehre von Keynes verbinden. Manche Kritiker wollen die Absurdität dieser Lehre anhand des Pyramidenbaus belegen, doch ganz so einfach geht es nicht. Denn Keynes selbst hatte einschränkend bemerkt: „Es ist aber nicht vernünftig, dass sich ein verständiges Gemeinwesen damit begnügen sollte, von solchen zufälligen und oft verschwenderischen Linderungen abhängig zu bleiben."

Gerade im Schlusskapitel der *Allgemeinen Theorie* war Keynes auffallend bemüht, nicht den Eindruck eines Sozialisten zu erwecken; der Staat soll nicht die Privatwirtschaft ersetzen, sondern nur jene Teile des Investitionsprozesses übernehmen, in denen er die Privatwirtschaft ergänzt. Erst recht wollte er die individuelle Freiheit nicht antasten: „Vor allem aber ist der Individualismus, wenn er von seinen

Mängeln und Missbräuchen gereinigt werden kann, die beste Gewähr der persönlichen Freiheit … Er ist auch die beste Gewähr für die Vielseitigkeit des Lebens, die gerade aus diesem weiten Feld der persönlichen Wahlhandlungen hervorgeht."

Dass er nicht die „Systemfrage" stellte, betonte er noch einmal kurz danach: „Während daher die Ausdehnung der Aufgaben der Regierung einem Publizisten des 19. Jahrhunderts oder einem zeitgenössischen amerikanischen Finanzmann als ein schrecklicher Eingriff in die persönliche Freiheit erscheinen würde, verteidige ich sie im Gegenteil, sowohl das einzig durchführbare Mittel, die Zerstörung der wirtschaftlichen Formen in ihrer Gesamtheit zu vermeiden, als auch die Bedingung für die erfolgreiche Ausübung der Initiative des Einzelnen." Der Ordnungsrahmen für die Welt der Enkel blieb letztlich unscharf.

Keynes hat diese Ausführungen wohl selbst nicht als belastungsfähige Wirtschaftstheorie verstanden. Man fühlt sich an Skidelskys Feststellung erinnert, wonach Keynes mehr Philosoph als Ökonom war und mehr Philosoph der Zwecke als Philosoph der Mittel zum Zweck. Einmal entwickelt, hat er jedoch zu dieser Vision immer gestanden, sei es während schwieriger Verhandlungen über eine neue Weltwährungsordnung mit den Amerikanern oder sei es in Gesprächen mit Mitarbeitern des britischen Kunstrats. Was Keynes leistete, war eine Verbindung einer wirtschaftlichen Plausibilitätsvorstellung, die er mit seinem Idealismus und Optimismus anreicherte. Keynes Botschaft war ja gerade, dass alles gut ausgehen könne, und man deshalb nicht zu radikalen Ideologien greifen müsse. Immerhin belegen Keynes' Arbeiten eindeutig, dass er kein Mann war, der nur kurzfristig dachte.

Ob Keynes' Vision einmal Wirklichkeit wird, ist eine Frage müßiger Spekulation. Die Welt ist zu unsicher, als dass sie sinnvolle langfristige Prognosen gestattete. Aber es lässt sich leicht erklären, warum diese Vision vor 60 Jahren häufig diskutiert wurde und heute kaum mehr. Gegen Ende des Zweiten Weltkriegs fürchteten viele Ökonomen eine wirtschaftliche Stagnation für die Nachkriegszeit. Keynes ist auch nicht der erste Ökonom gewesen, der die These einer langfristigen Stagnation als Folge befriedigter Konsumwünsche aufstellte. Eine Auflistung von Autoren mit dem Keynes-Vorbild Thomas Malthus an der Spitze wäre recht umfangreich.

Keynes' langfristiges Szenario kam vor allem wegen des starken Wirtschaftswachstums in der Nachkriegszeit außer Mode, in der sich die Ökonomen lieber mit der theoretischen Verfeinerung der kurzfristigen Analysen des Briten befassten, wie Paul Samuelson konstatiert hat: „Keynesianismus als Analysemethode überlagerte Keynesianismus als Depressionsideologie. Der alte König ist tot, lange lebe der neue König." Und selbst wenn man heute in reichen Ländern mit alternden Bevölkerungen wie Deutschland oder Japan vielleicht die Frage nach der internen Wirtschaftsdynamik aufwerfen mag, so dürften die materiellen Bedürfnisse der Menschen in den vielen ärmeren Ländern noch lange nicht gedeckt sein. Dieses Nachholen der ärmeren Länder hatte Keynes vorausgesehen.

Vor allem aber ist die „Euthanasie des *Rentiers*" ausgeblieben; der *Rentier* hat im Gegenteil an Macht gewonnen, wie der deutsche Soziologe Christoph Deutschmann geschrieben hat. Das Bild des machtlosen Kapitalanlegers stammte nicht von Keynes, sondern war lange Zeit sehr verbreitet. Es beruhte auf der Vorstellung, dass in Großunternehmen die Macht von angestellten Managern ausgeübt wird, aber nicht von den Aktionären, in deren Auftrag die Manager eigentlich agieren sollen. Den Managern unterstellte man vor allem den Willen zur Bewahrung ihrer Macht, der sie zu einer vorsichtigen Geschäftspolitik veranlassen würde, die nicht dem Wunsch der Aktionäre nach Gewinnmaximierung entspräche. Es steht außer Zweifel, dass dieses Bild nicht immer falsch war. Schlechte Zeiten für die *Rentiers* waren vor allem die siebziger Jahre, als hohe Inflationsraten die Zinserträge aufzehrten. Die Kapitalanleger nahmen diese unbefriedigenden Zustände jedoch nicht einfach hin.

In den vergangenen zwei Jahrzehnten haben individuelle Anleger ihr Kapital mächtigen Großanlegern wie Pensionsfonds oder Investmentfonds zur Verfügung gestellt, die gegenüber dem Management der Unternehmen auf eine Maximierung ihrer Gewinne im Geiste des *„Shareholder Value"* gedrungen haben. Beigetragen zu dieser Entwicklung haben eine jahrzehntelange Friedenszeit mit dem damit verbundenen Aufbau von Vermögen ebenso wie eine zunehmend ungleichere Vermögensverteilung, die immer mehr große Vermögen entstehen ließ, die nach einer professionellen Verwaltung verlangten. Deutschmann betont allerdings, dass sich der *Rentier* keineswegs nur unter den Reichen findet; vielmehr wurde er zu einem Massenphänomen: „Die Bildungsexpansion, aber auch die gut ausgebauten wohlfahrtsstaatlichen Systeme haben in Westeuropa, Nordamerika und Japan für die Entstehung einer breiten Mittelschicht gesorgt, die ebenfalls beachtliche Vermögen bildete … Der gesellschaftliche Einfluss der institutionellen Investoren erklärt sich daraus, dass sie nicht nur die Interessen einer kleinen Gruppe von Spitzenverdienern bedienen, sondern sich als Dienstleister für breite Bevölkerungsschichten präsentieren."

Keynes lebte in einer Welt, in der die *Rentiers* eine überschaubare Gruppe bildeten, auf die der Staat nach seiner Ansicht keine übertriebene Rücksicht würde nehmen müssen. Sobald Kapitalbildung zu einem Massenphänomen geworden ist, kann der Staat in seiner Politik die Renditeansprüche dieser Masse nicht ignorieren. Das schließt nicht aus, dass die kapitalistische Maschine eines Tages ihre Drehzahl deutlich verringern wird. Angesichts der Existenz mehrerer Milliarden Menschen, deren materielle Bedürfnisse nicht gedeckt sind, ist dieser Tag weiter entfernt, als Keynes, dessen Vision von einem aus seiner Wahrnehmung müden und sklerotischen England der Zwischenkriegszeit geprägt war, seinerzeit dachte.

6   EINE WELTWÄHRUNGSORDNUNG

„Mein Utopia
Der richtige Plan
a) Verbot aller Zölle
b) Unbeschränkte Austauschbarkeit („Konvertibilität") der Währungen
c) Verpflichtende quantitative Beschränkungen für jedes Land mit
Zahlungsbilanzungleichgewichten, damit es dem Schutzmann nicht
davonrennen kann."
John Maynard Keynes in einer Notiz für den Ökonomen James Meade

Ein barbarisches Relikt

Keynes war in der Welt des Goldstandards aufgewachsen, der die 50 Jahre vor dem Ersten Weltkrieg geprägt hatte. Damals hatten die wichtigsten Nationen den Wert ihrer Währungen an das Gold gebunden. Das umlaufende Geld konnte auf Verlangen bei der Notenbank in Gold umgetauscht werden. Damit waren die Wechselkurse zwischen den Währungen festgelegt, und die Aufgabe der nationalen Geldpolitik bestand darin, diese Wechselkurse durch Zinspolitik stabil zu halten. Damit konnte die Geldpolitik nicht frei für binnenwirtschaftliche Zwecke eingesetzt werden. De facto hatte Großbritannien der Welt die Zinspolitik vorgegeben, da das Pfund die Rolle einer inoffiziellen Leitwährung spielte. London war der führende Finanzplatz der Welt, und hinter dem Pfund stand die Wirtschaftsmacht des Britischen Empire. Nach Ansicht vieler Zeitgenossen und späterer Wirtschaftshistoriker hatte der Goldstandard recht gut funktioniert. Das Preisniveau war alles in allem recht stabil – bei zwischenzeitlichen Inflationen und Deflationen in einzelnen Ländern – geblieben, und die Golddeckung der Währungen hatte eine rapide Geldschöpfung und eine ungebremste Staatsverschuldung bis 1914 verhindert.

Der Goldstandard war mit dem Ersten Weltkrieg zusammengebrochen, auch wenn einige Länder an ihm festhielten. Die Idee, ihn wieder auferstehen zu lassen, hielt Keynes im 1923 erschienenen *Traktat* für verhängnisvoll, denn aus seiner Sicht existierten die Bedingungen nicht mehr, die seinen Erfolg in der Vorkriegszeit begründet hatten:

1. Das Funktionieren eines Goldstandards hängt von der Menge des zur Verfügung stehenden Goldes ab. Wird sehr viel neues Gold entdeckt, das nach der Förderung den Notenbanken zufließt, kann dies inflationär wirken. Umgekehrt kann der Goldstandard mit einer Deflation einhergehen, wenn die Wirtschaft zwar über Wachstumspotential verfügt, aber kein neues Gold entdeckt wird. Dass in der Vorkriegszeit das Wachstum der Wirtschaft von bedeutenden Goldfunden in Alaska und Südafrika begleitet wurde, hielt Keynes für ein glückliches Zusammentreffen. Als er seinen *Traktat* schrieb, waren allerdings schon seit drei Jahrzehnten keine umfangreichen Goldlager mehr entdeckt worden. Keynes hielt es für eine verhängnisvolle Idee, die Geldversorgung einer Wirtschaft von der Zufälligkeit von Goldfunden abhängig zu machen.

2. Keynes hielt die Sicherung des Preisniveaus im Inland für vordringlich. Dass in der Zeit des Goldstandards ein

relativ stabiles Preisniveau im Inland mit einer Stabilität der Wechselkurse einhergegangen war, betrachtete er als Ausnahme. In Arbeiten aus den frühen vierziger Jahren verwies er darauf, dass es in der Neuzeit nur zwei Epochen gegeben habe, in denen die Geldversorgung durch Metalle den Bedürfnissen der Wirtschaft adäquat gewesen sei: das 16. Jahrhundert, als Silber das wichtigste Währungsmetall war, und eben der Goldstandard des späten 19. Jahrhunderts. Generell seien Metallwährungen der Stabilität aber nicht förderlich.

3. Der Erste Weltkrieg hatte die Weltmachtstellung des Britischen Empire erschüttert und den Aufstieg der Vereinigten Staaten zur Weltmacht gefördert. London war dabei, seinen Rang als führendes Finanzzentrum an New York zu verlieren. Keynes bezweifelte, dass die Amerikaner in der Lage sein würden, als Führungsmacht eines neuen Goldstandards eine ähnlich segensreiche Rolle zu spielen wie Großbritannien dies vor dem Ersten Weltkrieg gelungen war. Die Zweifel waren begründet. Die Amerikaner nutzten ihre Leistungsbilanzüberschüsse, um große Mengen Gold zu kaufen, die sie in Fort Knox und anderswo auf Nimmerwiedersehen im Boden versenkten. Der Entzug von Gold verstärkte die deflationären Tendenzen in Europa. Zwar gaben amerikanische Unternehmen Kredite an europäische Firmen, aber aus Keynes' Sicht reichte dies als Kompensation nicht, zumal die Amerikaner zu allem Überfluss auch noch ihren Binnenmarkt mit hohen Zöllen vor europäischen Exporten schützten.

Die Briten waren vor dem Ersten Weltkrieg die Führungsmacht im damaligen Goldstandard gewesen, aber sie hatten
niemals riesige Goldbestände eingesammelt, sondern Ländern, mit denen sie einen Leistungsbilanzüberschuss besaßen,
lieber einen Kredit gegeben oder eine Anleihe besorgt. Das
aus seiner Sicht verantwortungslose Verhalten der Gläubi-
gernation Amerika führte Keynes nicht nur zur Ablehnung
eines Goldstandards unter amerikanischer Leitung, sondern
auch auf den Gedanken, die Lösung weltwirtschaftlicher
Spannungen nicht alleine bei Schuldnerländern, sondern
auch bei Gläubigerländern zu suchen. Dies wird in seinem
späteren Vorschlag für ein Weltwährungssystem deutlich.

4. Die Erfahrungen der Zwischenkriegszeit waren zu chao-
tisch, um eine Rückkehr zur „heilen Welt" vor 1914 als realistisch anzusehen. Die Amerikaner sammelten während der
zwanziger Jahre Gold und erlebten eine Hochkonjunktur,
während Großbritannien, das 1925 wieder in den Goldstandard eintrat, prompt in eine Rezession stürzte. In den frühen dreißiger Jahren litten die Vereinigten Staaten, die
unverändert am Goldstandard festhielten, unter einer
schweren Depression, während der Austritt Großbritanniens aus dem Goldstandard im Jahre 1931 der Wirtschaft
die notwendige Luft zum Atmen verschaffte. Mehrere Länder werteten ihre Währungen ab, um sich auf Kosten anderer Länder Vorteile im Außenhandel zu verschaffen (*„Beggar-
thy-neighbour"*). Nach dem Scheitern der Londoner Welt-
wirtschaftskonferenz im Jahre 1933 war der alte Goldstandard endgültig Geschichte.

5. Keynes erkannte im Rückblick auch spekulativen Kapitalbewegungen *("Hot money")* eine wesentliche Rolle für das Scheitern des Goldstandards nach dem Ersten Weltkrieg zu.

Die Folgerungen aus diesen Überlegungen waren für Keynes offensichtlich: „Da ich die Stabilität der Preise, des Kredits und der Beschäftigung für überragend wichtig halte, und da ich kein Vertrauen habe, dass ein altmodischer Goldstandard uns auch nur jenen Hauch von Stabilität geben wird, den er einst gab, weise ich die Politik einer Wiederherstellung des Goldstandards auf der Basis der Vorkriegszeit zurück." Den Goldstandard – und nicht das Gold selbst, wie oft behauptet – bezeichnete er im *Traktat* wörtlich als „barbarisches Relikt".

Stattdessen befürwortete der Brite ein System prinzipiell fester Wechselkurse, die aber für den Fall veränderbar sein sollten, dass sich die Volkswirtschaften an dem System beteiligter Länder sehr unterschiedlich entwickeln. Zu seiner Zeit war dies ein sehr zukunftsweisender Vorschlag, denn derartige Währungssysteme wurden nach dem Zweiten Weltkrieg gebräuchlich. Für die aus heutiger Sicht modernste Lösung, das freie Schwanken der Wechselkurse ohne staatliche Eingriffe, war im Jahre 1923 die Zeit noch nicht reif, obgleich Keynes Mitte der dreißiger Jahre für ein solches System eine gewisse Sympathie zeigte. Die sehr starken Kursschwankungen, die sich Anfang der zwanziger Jahre dort eingestellt hatten, wo eine freie Wechselkursbildung erfolgte, mahnten jedoch zur Zurückhaltung.

Das von Keynes präferierte Währungssystem sollte durch das prinzipielle Festhalten an einmal definierten Wechselkursen Sicherheit für den Außenhandel schaffen, andererseits jedem Land aber auch die Möglichkeit geben, bei Bedarf eine binnenorientierte Geldpolitik zu betreiben um den Preis einer Änderung des Wechselkurses. Gerade diese Handlungsfreiheit für die Politik wollten die Befürworter des Goldstandards verhindern. Keynes hatte mit seinem Vorschlag nicht zuletzt ein für Großbritannien attraktives Szenario im Auge.

Da die Wirtschafts- und Währungspolitik der Vereinigten Staaten und Großbritanniens damals nicht zusammenpassten, hielt er die Entwicklung zweier voneinander getrennter Wechselkurssysteme mit dem Dollar und dem Pfund als jeweiligem Zentrum für denkbar. So hätte das Pfund zumindest einen Teil seines alten Prestiges behalten. Und auch für das Gold wäre in Keynes' Modell noch eine Rolle frei gewesen, wenn auch nicht mehr in der Mitte der Bühne: die eines Reservemediums der Notenbanken für schlechte Zeiten.

Zeitweise erwog Keynes, anstelle des Goldstandards eine sogenannte Warenreservewährung einzuführen. Hierbei orientiert sich die Geldpolitik nicht am Wert des Goldes, sondern am Wert eines Bündels aus Rohstoffen. Ausgearbeitet wurde ein solches Währungsmodell von dem Amerikaner Benjamin Graham; zu den Sympathisanten einer solchen Währungsordnung gehörten unter anderem Friedrich von Hayek und Walter Eucken. Die Warenreservewährung stößt indessen auf mehrere Vorbehalte: Sie erfordert wohl die Bildung erheblicher Lagerbestände. Außerdem besteht die Gefahr, dass marktbeherrschende Unternehmen die Preise einzelner Rohstoffe manipulieren. Und schließlich nimmt eine Warenreservewährung wie jedes System fester Wechselkurse der Notenbank den Spielraum für eine binnenwirtschaftlich orientierte Politik. Daher galt diese Idee seit Jahrzehnten als tot. Im Frühjahr 2009 wurde die Warenreservewährung überraschend aus China wieder ins Gespräch gebracht – ebenso wie Keynes' Vorschlag eines internationalen Verrechnungsgeldes.

Die Clearing Union

Zu Beginn der vierziger Jahre waren sich Briten und Amerikaner über die Notwendigkeit geordneter Währungsverhältnisse für die Zeit nach dem Zweiten Weltkrieg einig. Das Chaos der Zwischenkriegszeit, das wesentlich zu den ökonomischen und politischen Verwerfungen dieser beiden dunklen Jahrzehnte beigetragen hatte, durfte sich nicht wiederholen. Eine Rückkehr zum alten Goldstandard erschien ebenfalls nicht praktikabel. Allerdings gingen die konkreten Interessen der Briten und der Amerikaner auseinander. Die Vereinigten Staaten würden vermutlich der größte wirtschaftliche Gewinner des Krieges und unangefochtene Führungsmacht des Westens sein, deren Exportindustrie sehr wahrscheinlich vom Wiederaufbau Europas profitieren würde. Die Amerikaner befürworteten daher ein auf dem (mit Gold unterlegten) Dollar beruhendes Währungssystem, ein möglichst geringes Gewicht internationaler Organisationen sowie freien Kapitalverkehr.

Die Briten waren in einer völlig anderen Lage. Selbst als Siegermacht gegenüber Deutschland würden sie den Krieg wirtschaftlich geschwächt überstehen: Verschuldet gegenüber den Vereinigten Staaten wie gegenüber den Kolonien, von Importen für den Wiederaufbau und die Modernisierung der Industrie abhängig, aber wahrscheinlich schwach im Export, da Amerika Einfuhrzölle erhob und die Konzentration auf den Krieg die britische Industrie dazu gezwungen hatte, frühere Exportmärkte aufzugeben. Außerdem stand die Liquidierung des Empire bevor. Der Dollar hatte das Pfund endgültig als Weltwährung abgelöst, New York war an London als Finanzzentrum vorbeigezogen. Die Briten wollten ein auf den Dollar gestütztes Währungssystem durch die Gründung einflussreicher multinationaler Institutionen so weit wie möglich unterlaufen, und zumindest in der ersten Nachkriegszeit glaubten sie angesichts ihrer Schwäche nicht, auf Kapitalverkehrskontrollen verzichten zu können.

Die britische Konzeption wurde im September 1941 wesentlich von John Maynard Keynes ausgearbeitet. Sie erfuhr in den darauffolgenden Monaten nach Diskussionen innerhalb der britischen Regierung und mit amerikanischen Delegationen eine Reihe von Veränderungen. Da sich aber die Grundstruktur nicht veränderte, sei hier Keynes' ursprünglicher Plan vorgestellt. In ihm verbot sich eine *Laissez-faire*-Konstruktion angesichts „der Lektionen der historischen Erfahrungen", obendrein besaß sie keine „Unterstützung durch eine solide Theorie".

Keynes ging davon aus, dass der internationale Zahlungsverkehr eines Landes überwiegend durch die Notenbanken abgewickelt würde – was vielleicht für die damalige Zeit galt, heute aber längst überholt ist. Die Geschäfte der einzelnen Notenbanken sollten über eine internationale Bank, die International Clearing Bank (ICB), verrechnet werden; das System bezeichnete Keynes als Clearing Union (Clearing entspricht dem deutschen Wort Abwicklung). Die Konten der nationalen Notenbanken bei der ICB würden in einer internationalen künstlichen Währung, dem Bancor, geführt werden. Dazu musste jedes Land einen prinzipiell festen, nur in Notsituationen veränderlichen Wechselkurs zwischen seiner nationalen Währung und dem Bancor definieren. Der Bancor würde auf Gold beruhen und die internationale Reservewährung dieses Systems bilden. Um diesen Status einer Reservewährung zu stärken, hatte sich Keynes eine interessante Einbahnstraße einfallen lassen: Jedem Land (bzw. seiner Notenbank) stand es frei, bei der ICB Guthaben durch den Verkauf von Gold zu schaffen. Aber umgekehrt konnte ein Land an die ICB verkauftes Gold nicht mehr zurückkaufen. Eine derartige internationale Bank hatte Keynes schon in seiner Abhandlung *Vom Gelde* aus dem Jahre 1930 entworfen.

In diesem Modell werden Leistungsbilanzsalden der einzelnen Staaten über die Konten der nationalen Notenbanken bei der ICB abgewickelt. Ein Leistungsbilanzüberschuss eines Landes äußert sich in einem Guthaben der Notenbank dieses Landes, während sich ein Leistungsbilanzdefizit als eine Belastung des Notenbankkontos niederschlägt. Es lag in Keynes' Absicht, die Bildung großer Leistungsbilanzsalden zu verhindern, die er nicht nur aus ökonomischen, sondern auch aus politischen Gründen ablehnte, da sie ernsthafte Spannungen zwischen Nationen hervorrufen konnten. Situationen wie die aktuelle, in der die Vereinigten Staaten seit Jahren exorbitante Leistungsbilanzdefizite ausweisen, während China seit Jahren als Folge hoher Leistungsbilanzüberschüsse gewaltige Währungsreserven akkumuliert, wären in Keynes' Modell nicht möglich gewesen. Um derartige Exzesse zu verhindern, hatte Keynes einen Sanktionsmechanismus vorgesehen:

Jedem Land wird zunächst eine Quote zugeteilt, die der Hälfte des Durchschnitts der Ausfuhren und Einfuhren eines Landes der vergangenen fünf Jahre entspricht. Kein Schuldnerland kann sein Konto mehr überziehen, als es seiner Quote entspricht. Und kein Überschussland kann bei der ICB ein Guthaben führen, das seine Quote übertrifft. Eventuelle zusätzliche Guthaben muss das Land an die Reserven der ICB abtreten. Damit keiner dieser Extremfälle vorkommt, hatte Keynes Beschränkungen eingebaut. Wenn ein Defizitland sein Konto innerhalb eines Jahres um ein Viertel seiner Quote überzieht, muss es einen Zinsaufschlag entrichten. Im Gegenzug darf es seine Währung um maximal 5 Prozent abwerten, um seine Exportchancen zu verbessern. Beträgt das Defizit innerhalb eines Jahres die Hälfte der Quote, kann das Land zu einer Abwertung seiner Währung gezwungen werden ebenso wie zur Einzahlung vorhandener Goldreserven auf das Konto bei der ICB. Im schlimmsten Fall wird das Land gezwungen, das Währungssystem zu verlassen.

Sanktionen sind aber auch für Länder mit Überschüssen vorgesehen: Sie reichen von der Verpflichtung zur Aufwertung ihrer Währung bis zur Zahlung von Strafzinsen auf die Guthaben bei der ICB. Keynes hatte sich ja schon lange dafür ausgesprochen, dass die Lasten außenwirtschaftlicher Ungleichgewichte nicht alleine von den Defizitländern getragen werden sollten. Aber auch so war offensichtlich, dass zumindest in den ersten Nachkriegsjahren die Vereinigten Staaten mit ihren Überschüssen die Kredite der Defizitländer überwiegend finanzieren würden.

Keynes' Plan soll vor allem verhindern, dass, wie die Amerikaner in den zwanziger und dreißiger Jahren, Länder Überschüsse im Außenhandel erzielen, das damit verdiente Geld aber nicht den Defizitländern zur Verfügung stellen. Die damit verbundenen deflationären Tendenzen vermeidet die Clearing Union, weil die Defizitländer im Rahmen der durch die Quoten aufgegebenen Beschränkungen Zugriff auf die bei der ICB angelegten Guthaben der Überschussländer erhalten. „Das prinzipielle Ziel lässt sich in einem

Satz erklären", erläuterte Keynes im Oberhaus. „Dafür zu sorgen, dass Geld, das man durch den Verkauf von Gütern in einem Land erhält, dafür ausgegeben werden kann, Produkte eines anderen Landes zu kaufen. In der Fachsprache: ein System des multilateralen Clearings. In Englisch: eine universelle Währung gültig für Gütergeschäfte in der ganzen Welt. Alles andere in dem Plan ist demgegenüber untergeordnet."

Die Führung der ICB sollte aus einem Vorsitzenden und acht Gouverneuren bestehen. Großbritannien würde einen Gouverneur entsenden, das Empire einen weiteren, außerdem die Vereinigten Staaten, die Sowjetunion und Lateinamerika jeweils einen und Europa deren zwei. Die Herkunft des achten Gouverneurs blieb offen. An die ICB wollte Keynes weitere Institutionen binden, darunter eine supranationale Polizei, eine Organisation für den Wiederaufbau und eine Institution für die Lagerbestände von Rohstoffen, deren Preisbildung Keynes auf diese Weise privaten Kartellen entziehen wollte.

Damit hatten die Briten einen Vorschlag, den sie den Amerikanern unterbreiten konnten. Keynes selbst bezeichnete seinen Entwurf als ein Ideal und utopisch in dem Sinne, „dass er einen höheren Grad an Verständnis, Geist mutiger Innovation und von internationaler Kooperation und Vertrauen voraussetzt, als man sicher oder vernünftigerweise annehmen kann." Was würden die Amerikaner damit machen?

Auf dem Weg nach Bretton Woods

Keynes' Gegenspieler war Harry Dexter White, ein amerikanischer Ökonom und Mitarbeiter des Finanzministeriums. (Erst nach dem Krieg wurde bekannt, dass White offenbar jahrelang interne Informationen aus dem Washingtoner Regierungsapparat an die Sowjetunion weitergegeben hatte.) Keynes beschrieb White wie folgt: „Er ist anmaßend, ein schlechter Kollege, immer darauf aus, einen zu stoßen, mit einer rauhen, krächzenden Stimme, ästhetisch bedrückend in Geist und Benehmen. Er hat nicht die leiseste Vorstellung, wie man sich benimmt oder wie man die Regeln zivilisierten Austauschs beobachtet." Ein übler Bursche, sollte man denken, aber: „Gleichzeitig habe ich sehr viel Respekt und Gefallen für ihn. In vielerlei Hinsicht ist er ihr bester Mann hier. Ein sehr fähiger und ergebener öffentlicher Bediensteter, der eine immense Last an Verantwortung und Initiative trägt, von hoher Integrität und klarsichtiger idealistischer internationaler Bestimmung, mit der ehrlichen Absicht, sein Bestes für die Welt zu tun."

Keynes und White schätzten sich, aber ihre Verhandlungen entsprachen nicht Debatten auf einer Ökonomenkonferenz, wo das beste Argument siegt. Die Amerikaner besaßen mehr Macht, während die Briten, die zugleich über amerikanische Kredite verhandelten, eher wie Bittsteller auftreten mussten – eine Rolle, für die Keynes die diplomatische Raffinesse fehlte. White sah die Situation klar und deutlich: „Die Vereinigten Staaten sind eine kommende Macht,

Britannien ist eine sich verabschiedende Macht." Daher setzten sich letztlich die Amerikaner durch, die den Briten nur in Details Konzessionen machten: Die von den Amerikanern vorgeschlagene Doppelorganisation, bestehend aus Internationalem Währungsfonds (IWF) – anstelle der Clearing Union – und Weltbank als zusätzlicher Institution für langfristige Entwicklungsfinanzierung, ist in Washington ansässig. Die Weltbank wird traditionell von einem Amerikaner geleitet, während die Vereinigten Staaten von allen Ländern die größten Anteile am IWF halten, der traditionell von einem Europäer geführt wird.

Das Währungssystem von Bretton Woods wurde ein Dollarstandard, dessen Golddeckung keine wichtige Rolle spielte. Einen Bancor hat es nie gegeben; wohl existiert mit den Sonderziehungsrechten eine Art Kunstgeld des IWF, das aber nicht auf Gold beruht, sondern auf einem Korb nationaler Währungen mit dem Dollar an führender Stelle.

An den amerikanischen Vorstellungen störte Keynes so manches Detail, und vor allem traute er ihnen nicht zu, die Führungsrolle verantwortungsbewusst wahrzunehmen. „Die Amerikaner haben keine Vorstellung von internationaler Kooperation. Da sie die stärksten Partner sind, glauben sie, sie haben das Recht, in allen Punkten den Ton anzugeben. Wenn sie die Musik kennten, wäre das nicht so schlimm, aber leider haben sie keine Ahnung von der Musik", schrieb er Richard Kahn.

Andererseits musste Keynes nicht unzufrieden sein. Denn mit seinem Konzept einer Clearing Union hatte er die Amerikaner dazu bewogen, einen eigenen Plan für eine künftige Weltwährungsordnung vorzulegen und ihn mit den Briten zu diskutieren. Die Vereinigten Staaten hätten noch am ehesten auf eine Weltwährungsordnung verzichten können und waren zu keiner Kooperation verpflichtet. Keynes war von Anfang sicher, dass die Briten den Amerikanern in den Verhandlungen würden nachgeben müssen.

Auf der Konferenz in dem amerikanischen Ort Bretton Woods, zu der sich im Juli 1944 immerhin 730 Delegierte aus 44 Ländern trafen, arbeitete Keynes so hart an einer Einigung mit allen Beteiligten, dass er einen leichten Herzanfall erlitt. Die Delegierten wussten allerdings sehr genau, wem sie es zu verdanken hatten, dass die Nachkriegsordnung in der Währungspolitik kein völliger Alleingang der Amerikaner wurde: Als Keynes seine Schlussansprache beendet hatte und dabei war, ermüdet den Saal zu verlassen, erhoben sich die Anwesenden spontan und stimmten ihm zu Ehren das alte englische Lied *For He's a Jolly Good Fellow* an.

Regeln oder Ermessensfreiheit?

John Maynard Keynes steht häufig für kurzfristige Politikentwürfe und für opportunistisches Handeln, das rasche Meinungswechsel nicht ausschloss. In der ökonomischen

Theorie der Politik spielt die Frage „Regeln oder Ermessensentscheidungen" *(Rules or Discretion)* eine wesentliche Rolle. Die herrschende Meinung besagt, dass die Bindung der Politik an Regeln Unsicherheit beseitigt, wogegen kurzfristige und vor allen Dingen vom Publikum unerwartete Ermessensentscheidungen Unsicherheit erzeugen.

Keynes hat sich nicht selten abschätzig über Regeln geäußert und sich ausdrücklich für Ermessensentscheidungen ausgesprochen; und nicht zuletzt diese Haltung hatte ihn aus der Sicht des ökonomischen Mainstream zu einem altmodischen Ökonomen gemacht. Seine Arbeiten über Währungssysteme sind allerdings geeignet, dieses Bild ein wenig zu korrigieren. „Keynes' wichtigstes politisches Anliegen während seines gesamten Lebens war die Entwicklung von Regeln für das internationale Geldwesen", schrieb der amerikanische Ökonom Allan H. Meltzer, der als einer der führenden Monetaristen nicht im Verdacht steht, ein unkritischer Anhänger des Briten zu sein. Keynes selbst war sich während der Arbeiten an seiner Clearing Union des Spannungsfeldes zwischen Regeln und Ermessensfreiheit sehr bewusst.

Eine andere Frage ist, ob seine Clearing Union eine bessere Alternative gewesen wäre als der Internationale Währungsfonds der Amerikaner. Keynes war so sehr bemüht, ein nicht unter Deflation leidendes Weltwährungssystem zu entwickeln, dass er möglicherweise das Risiko einer Inflation unterschätzte. Als er von dem amerikanischen Ökonomen Jacob Viner auf das Inflationspotential seines Vorschlags angesprochen wurde, reagierte Keynes eher nonchalant. Angesichts seiner lebenslangen Aversion gegenüber Inflation erstaunt eine solche Reaktion. Meltzer vermutet, dass Keynes niemals an die Verwirklichung seines Vorschlags glaubte, da sich die Amerikaner ohnehin durchsetzen würden. Doch obgleich das System von Bretton Woods weniger Inflationsgefahren zu beinhalten schien, ging es ausgerechnet an einer von den Vereinigten Staaten erzeugten Geldentwertung zugrunde.

TEIL III

WIRKUNG

I   AUFSTIEG,
FALL UND WIEDERKEHR

*„Gerade der Erfolg der Keynesianischen Revolution sorgte
jedoch dafür, dass sie zur etablierten Orthodoxie wurde
und damit anfällig für einen revolutionären Gegenangriff."*
Der kanadische Ökonom Harry G. Johnson

Harvard als Einfallstor

Die Erwartung seines Verfassers, die *Allgemeine Theorie*
werde über einen Zeitraum von zehn Jahren das ökonomische Denken verändern, bestätigte sich. Keynes sollte
über einen langen Zeitraum nicht nur das Denken vieler
Ökonomen prägen, sondern auch die Wirtschaftspolitik.
„Historiker, für die das zweite Quartal des 20. Jahrhunderts das Zeitalter Hitlers ist, mögen durchaus das dritte
Quartal als das Zeitalter von Keynes verstehen", schrieb
der britische Ökonom John Hicks in der Rückschau.

Hicks erinnerte aber auch daran, dass es einige Zeit
brauchte, bis die Botschaft der *Allgemeinen Theorie* die
Politik erreichte: „Vor dem Ausbruch des Zweiten Weltkriegs gab es keine Zeit, um das Buch jenseits der Zirkel
der Berufsökonomen zu verbreiten. Erst während des
Krieges und unmittelbar danach kamen Leute, die mit der
Doktrin vertraut waren, in einflussreiche Positionen. In
der Praxis beginnt das Zeitalter von Keynes erst mit dem
Kriegsende (das aus wirtschaftlicher Betrachtung kaum
vor 1950 stattfand)."

Die Eroberung Amerikas über die Universitäten hatte jedoch schon vor dem Kriegsende begonnen mit der berühmten Universität Harvard als Einfallstor, wo damals mehrere sehr gute junge Ökonomen, darunter die späteren Nobelpreisträger Paul A. Samuelson und James Tobin, die *Allgemeine Theorie* entdeckten. Von erheblicher Bedeutung war auch die Wandlung eines der bedeutendsten amerikanischen Professoren jener Zeit, Alvin H. Hansen, vom klassischen Ökonomen zum Keynesianer. Hansen wiederum war in Washington gut vernetzt und popularisierte die neue Lehre nicht nur unter Studenten, sondern auch in der Regierungszentrale. „Ohne es angestrebt zu haben und ohne sich dessen bewusst zu sein, wurde er der Anführer eines Kreuzzuges", schrieb der Ökonom John Kenneth Galbraith.

Der Keynes-Virus hatte aber nicht nur Harvard infiziert, sondern auch die von deutschsprachigen Emigranten stark beeinflusste New School for Social Research in New York, wo mit Franco Modigliani und Don Patinkin zwei junge Männer heranreiften, die bald zu den führenden amerikanischen Keynesianern zählen sollten. In Washington wiederum sorgte nicht zuletzt der aus Deutschland exilierte Ökonom Gerhard Colm für die Verbreitung Keynesschen Gedankengutes. „Keynesianische Politik wurde zentral für das, was man damals Nachkriegsplanung bezeichnete, und als Rahmen, um die Wiederkehr massiver Arbeitslosigkeit zu verhindern", urteilte Galbraith. Der Maestro selbst war zwar beeindruckt von der Begeisterung, mit der sich seine Schüler an die Verbreitung seiner Lehren machten, aber gleichzeitig war er ernüchtert über die Radikalität und Unbekümmertheit, mit der sich einige für staatliche Planung und Staatsverschuldung einsetzten. „Ich war der einzige Nicht-Keynesianer", sagte Keynes ernüchtert nach einem Treffen mit amerikanischen Ökonomen im Jahre 1943.

Drei Jahre später anerkannten die Vereinigten Staaten in ihrem *Employment Act* (Gesetz über Beschäftigung), dass staatliche Politik einen Beitrag zum Wirtschaftswachstum und zur Beschäftigung leisten könne, und wieder einige Jahre später popularisierte Paul Samuelson in seinem Lehrbuch, von dem rund um den Globus mehrere Millionen Exemplare verkauft wurden und das mehrere Generationen von Ökonomiestudenten beeinflusst hat, die Gedanken von Keynes auf die ihm eigene Weise. Zudem sorgte nicht nur die Gründung des amerikanischen Sachverständigenrates *(Council of Economic Advisers)* für eine wachsende Rolle der Ökonomen im Umfeld der Schaltstellen des Staates.

Dennoch sollte es bis zum Beginn der sechziger Jahre dauern, ehe die amerikanischen Keynesianer unter Präsident John F. Kennedy daran gehen konnten, ihre Lehren in die Praxis umzusetzen. Damals schien sich der Keynesianismus in Amerika durchgesetzt zu haben, und über die Lehrbuchliteratur hatte er sich in der gesamten freien Welt ausgebreitet. In Großbritannien berieten ehemalige Keynes-Schüler aus Cambridge derweil vor allem die Labour-Party.

Die neoklassische Synthese

Der Erfolg des überwiegend amerikanisch geprägten Keynesianismus beruhte auf einer für didaktische und propagandistische Zwecke bestens geeigneten Version der Lehre des Meisters. Der Ursprung dieser Konzeption entstammte einer aus dem Jahre 1937 veröffentlichten Arbeit des britischen Ökonomen John Hicks, der das, was er für die Essenz der *Allgemeinen Theorie* hielt, in einer einzigen Grafik mit lediglich zwei Kurven zusammenfasste: dem berühmt-berüchtigten IS/LM-Diagramm, dem wahrscheinlich populärsten ökonomischen Modell aller Zeiten. Die *Allgemeine Theorie* wird zu zwei Kurven mit einem Schnittpunkt reduziert, wobei die IS-Kurve den Gütermarkt abbildet und die LM-Kurve den Geldmarkt. Anhand von Verschiebungen dieser Kurven lassen sich die Effekte von Geld- und Finanzpolitik simulieren. Inwieweit das IS/LM-Diagramm wirklich eine treffende Darstellung der Kerngedanken der *Allgemeinen Theorie* darstellt, ist Thema einer umfangreichen Literatur geworden. Keynes hat das Diagramm gekannt und mehr oder weniger kommentarlos „durchgewinkt". Hicks selbst hat sich im Alter von IS/LM ein Stück weit distanziert.

Ein zweiter Kerngedanke des amerikanischen pragmatischen Keynesianismus bildete die Phillips-Kurve, die auf einen gleichnamigen englischen Statistiker zurückgeht und von den beiden prominenten Keynesianern Paul Samuelson und Robert Solow modifiziert und in ein fast ebenso berühmtes Diagramm wie IS/LM eingebracht wurde. Die

Phillips-Kurve besteht aus Kombinationen von Arbeitslosenquoten und Inflationsraten, wobei niedrige Arbeitslosenquoten mit hohen Inflationsraten einhergehen und umgekehrt. Die Phillips-Kurve suggeriert, als könnten Politiker zwischen unterschiedlichen Kombinationen von Arbeitslosenquoten und Inflationsraten wählen. In diesem Geiste entstand Helmut Schmidts berühmter Satz: „Lieber 5 Prozent Inflation als 5 Prozent Arbeitslosigkeit."

Aus diesen beiden keynesianischen Elementen (und ein paar anderen wie dem Multiplikator) entwickelte Samuelson in seinem Buch die sogenannte „neoklassische Synthese", die traditionelle Markttheorie und Keynesianismus miteinander verband. Grundsätzlich wurde eine funktionierende Marktwirtschaft unterstellt, die auf der Basis einzelwirtschaftlicher Analysen von Unternehmen und Konsumenten („Mikroökonomik") analysiert wurde. Für den Fall, dass die Wirtschaft wegen unflexibler Löhne und Preise aus dem Gleichgewicht geriet, stand keynesianische Makroökonomik bereit. Die neoklassische Synthese wurde außerordentlich erfolgreich, allerdings reduzierte sie Keynes weitgehend auf den Fall unflexibler Löhne und Preise. Unsichere Erwartungen, für Keynes ein Kernelement seiner Lehre, spielten kaum eine Rolle.

Probleme der neoklassischen Synthese

In den sechziger und frühen siebziger Jahren geriet die „neoklassische Synthese" gerade zu einer Zeit, als der Keynesianismus scheinbar endgültig gesiegt hatte, in eine schwere Krise, von der sie sich nie mehr erholt hat. Hierfür existierten theoretische wie praktische Gründe:

1. Die beiden Elemente der „neoklassischen Synthese" wurden nie richtig zusammengeführt und standen immer nebeneinander. So wurde nie vernünftig erklärt, warum Löhne und Preise plötzlich nicht mehr flexibel sein sollten. Es wurde einfach postuliert.

2. Den Anhängern dieser Richtung war ihr Erfolg über den Kopf gewachsen, was zu Einseitigkeiten führte. So behaupteten viele, wenn auch nicht alle Keynesianer, dass alleine Finanzpolitik sich für die Konjunktursteuerung eigne, während Geldpolitik bedeutungslos sei. Das stand nicht nur im Widerspruch zu Keynes, sondern war auch empirisch falsch.

3. Die Erfindung des Computers erlaubte die Entwicklung umgangreicher Modelle, die für ökonometrische Detailstudien verwendet wurden. Das Ergebnis war die Vorstellung, keynesianische Politik sei nicht nur für schwere Krisen geeignet, sondern könne auch für die Feinsteuerung des Konjunkturzyklus verwendet werden. Das stellte sich als eine Anmaßung heraus und stand auch im Gegensatz zum Verständnis von Keynes, der wenig von umfangreichen Modellen und ausufernden ökonometrischen Untersuchungen gehalten hatte.

4. Die Keynesianer waren auf Vollbeschäftigung fokussiert und tendierten zu einer Unterschätzung der Inflation. Zum Sargnagel der „neoklassischen Synthese" wurde die „Stagflation" in der Mitte der siebziger Jahre, als sich hohe Arbeitslosigkeit mit hoher Inflation verband.

5. Keynesianische Politik wurde häufig von sozialdemokratischen Regierungen betrieben, die auch umfangreiche Wohlfahrtsstaaten und Umverteilungssysteme entstehen sowie Bürokratien wuchern ließen. Die mit Namen wie Ronald Reagan und Margaret Thatcher verbundene konservative Gegenrevolution setzte auf Angebotspolitik und wandte sich öffentlich auch gegen keynesianische Politik – obgleich es gerade konservative Regierungen waren, die zu einer besonders zügellosen Verschuldungspolitik neigten.

Die monetaristische Herausforderung

Die wichtigste Herausforderung der „neoklassischen Synthese" verkörperte in Theorie und Praxis der in Chicago lehrende Ökonom Milton Friedman (1912 bis 2006), das Haupt der monetaristischen Schule. Zwischen Keynes und Friedman gab es viele Ähnlichkeiten. Beide waren vor allem politische Ökonomen mit dem Ziel, Einfluss zu erlangen, wenig interessiert an hochgezüchteter Theorie und allzu komplizierten empirischen Techniken. Friedman jedoch war anders als Keynes von einer inhärenten Stabilität des Kapitalismus überzeugt und forderte die Reduzierung des Staatseinflusses auf das unbedingt Nötige. Die Modelle, mit denen die Monetaristen arbeiteten, unterschieden sich jedoch nur wenig von den Modellen der Keynesianer. In ihren wirtschaftspolitischen Empfehlungen lehnten die Monetaristen kurzfristig angelegte Finanzpolitik ab; stattdessen traten sie für eine an feste Regeln gebundene Geldpolitik ein. Da auch eine Reihe von Keynesianern im Laufe der Zeit kritischer gegenüber den Möglichkeiten von Finanzpolitik wurde und der Geldpolitik eine größere Rolle als früher zuerkannte, unterschieden sich Keynesianer und Monetaristen am Ende nur in ihren ideologischen Grundhaltungen: Die Monetaristen tendierten eher zu einem *Laissez-faire* als die Keynesianer.

Friedmans vielleicht wichtigster Streich war es gewesen, das Konzept der Phillips-Kurve zu demolieren, und dies ausgerechnet, indem er Erwartungseffekte betonte. In dieser Hinsicht stand er Keynes näher als viele Keynesianer. Stellen wir uns vor, eine Regierung wolle die Arbeitslosenquote senken und sei dafür bereit, eine höhere Inflationsrate zu akzeptieren. Die Inflationsrate steigt, was den Reallohn senkt und die Unternehmen, wie gewünscht, zu Neueinstellungen veranlasst. Das funktioniert aber nur, wenn die Arbeiter nicht merken, dass der Reallohn gesunken ist, da sie ansonsten ihr Arbeitsangebot reduzieren würden. Die keynesianische Interpretation der Phillips-Kurve setzt somit die sogenannte „Geldillusion" voraus: die Arbeiter orientieren sich an ihrem unveränderten Nominallohn und merken gar nicht, dass ihr Reallohn gesunken ist.

In einem berühmten Aufsatz aus dem Jahre 1968 setzte Friedman das Konzept „adaptiver Erwartungen" entgegen, bei dem die Arbeiter mit Verzögerung bemerken, dass ihr Reallohn gesunken ist. Dann müsste die Regierung immer schneller die Inflationsrate erhöhen, um Reallohnsenkungen zu erreichen, und irgendwann wäre das Stadium einer Hyperinflation erreicht. Friedman hatte der Phillips-Kurve einen schweren Schlag versetzt, den der Chicago-Ökonom Robert Lucas (Nobelpreis 1995) um einen noch kräftigeren Hieb ergänzte. Er führte das Konzept „rationaler Erwartungen" in die makroökonomische Theorie ein. In diesem Modell erkennen die Arbeiter sofort, dass eine höhere Inflationsrate ihren Reallohn senkt. Der Sieg der Monetaristen über die Keynesianer der neoklassischen Synthese war allerdings nur kurzlebig. In der Praxis funktionierte ihr Konzept einer Geldpolitik, die sich an einer stetigen Ausweitung der Geldmenge orientierte, nicht. Und in der makroökonomischen Theorie fand Anfang der achtziger Jahre eine Revolution statt.

Ihre Begründer hießen Edward Prescott und Finn Kydland (beide erhielten 2004 den Nobelpreis der Wirtschaftswissenschaften). Sie beendeten das Denken in Aggregaten und entwickelten eine Robinson-Crusoe-Wirtschaft, in der ein einziges, rational handelndes und seinen Nutzen maximierendes Individuum in einer Welt perfekt funktionierender Märkte das Zentrum des Modells bildet. Ihr Ergebnis war damals sensationell: 70 Prozent der Schwankungen des amerikanischen Bruttoinlandsprodukts erklärten sie mit

Anpassungen des Individuums (das alle Individuen in der Wirtschaft repräsentiert) an Änderungen von Technologien. Das Geld, das in den alten keynesianischen und monetaristischen Modellen eine wesentliche Rolle für die Wirtschaftsentwicklung gespielt hatte, war praktisch bedeutungslos. Vielmehr passte sich die Geldversorgung der Entwicklung der Wirtschaft an. Raum für Konjunkturpolitik gab es in diesen Modellen nicht mehr, und ihre Anhänger verkündeten frohgemut das endgültige Ende des Keynesianismus.

Zu früh. Neue Keynesianer kamen, die den auf die *Allgemeine Theorie* und die neoklassische Synthese zurückreichenden Bau von Aggregaten in der Schublade ließen und sich auf den neuen Modelltyp mit rationalen Erwartungen und dem repräsentativen Individuum einließen. Allerdings ersetzten sie die Annahme immer flexibler Märkte durch die Annahme nicht immer perfekter Märkte, auf denen Preise und Löhne nicht immer flexibel auf Datenänderungen reagieren und in denen Unternehmen Marktmacht besitzen und daher selbst Preise festlegen können.

Derartige Modelle sind heute nicht nur in der Lehrbuch- und Forschungsliteratur weitverbreitet; sie werden auch von Zentralbanken wie der EZB genutzt. Ihre Eignung für die Politikdiagnose ist allerdings umstritten, und auch für die Prognose schwerer Krisen eignen sie sich nach der Erfahrung der vergangenen Jahre nicht – das gilt aber auch für vergleichbare Modelle mit flexiblen Preisen. Insoweit existiert ein lebendiger neuer Keynesianismus, der wegen seiner Fokussierung auf nicht völlig flexiblen Märkten mit der alten Analyse von Keynes nur noch eingeschränkt zu tun hat, auch wenn gerade in den vergangenen Jahren Unsicherheit in der modernen Makroökonomik wieder eine größere Rolle zu spielen beginnt. Immerhin lässt sich konstatieren, dass der Keynesianismus eine bemerkenswerte Überlebensfähigkeit zeigt. Wie eine Katze scheint er neun Leben zu besitzen.

Inwieweit die durch Prescott und Kydland begründete moderne Modellgeneration die aktuelle Finanz- und Wirtschaftskrise unbeschadet übersteht, ist offen. Kritiker bemängeln seit langem die fehlende Realitätsnähe dieser Modelle. Eine Ablösung setzte aber eine neue Generation von Modellen voraus, die nicht innerhalb des Mainstream existieren, wohl aber am Rande der Straße. Zwei alternative Ansätze stellen wir anschließend vor.

Die reale Wirtschaftsentwicklung war in den zwei Jahrzehnten vor dem Ausbruch der aktuellen Krise in den Industrienationen durch ein bemerkenswertes Maß an Stabilität gekennzeichnet. Diese Epoche trägt daher die Bezeichnung *Great Moderation.* Als Ursachen werden gewöhnlich eine höhere Flexibilität der Volkswirtschaften, die eine weitgehend störungsfreie Anpassung an Veränderungen etwa durch neue Technologien erlaubte, eine stabilitätsorientierte Geldpolitik, die die Inflationsraten niedrig hielt, sowie Glück und Zufall genannt. Aktive Finanzpolitik hat in dieser Zeit kaum eine Rolle gespielt. Insofern ist der Rückgriff auf massive schuldenfinanzierte Staatsausgabenpolitik ein deutlicher Beleg dafür, wie sehr die aktuelle Krise die Weisheiten der vergangenen 20 Jahre erschüttert hat.

2 WALL-STREET-KEYNESIANISMUS

„Keynes ohne Unsicherheit ist wie Hamlet ohne den Prinzen."
Der amerikanische Ökonom Hyman Minsky

Die neoklassische Synthese und der aktuelle Mainstream behandeln die Ökonomik von Keynes als Sonderfälle in einem marktwirtschaftlichen Modell. Dies entspricht der Wahrnehmung von Keynes als einem Liberalen, der grundsätzlich ein Marktwirtschaftler war, in Krisenzeiten aber staatliche Nachfragepolitik befürwortete, um die Wirtschaft wieder auf den rechten Pfad zu führen. Diese Keynes-Interpretation dominiert seit Jahrzehnten die Lehrbücher und die Politik.

Seit Jahrzehnten existiert daneben ein sogenannter „keynesianischer Fundamentalismus". Er liegt nicht in Form einer einheitlichen Theorie vor, sondern in Gestalt sehr unterschiedlicher Ansätze, die aber allesamt eines eint: Ihre Vertreter lehnen die Einbindung von Keynes in die traditionelle Markttheorie als „Bastard-Keynesianismus" (Joan Robinson) entschieden ab. Stattdessen postulieren sie, dass Keynes mit der Allgemeinen Theorie einen unheilbaren Bruch mit der traditionellen Theorie vorgenommen habe. Sie weisen die Interpretation von Keynes als einem Liberalen zurück, und es ist kein Zufall, dass sich die politischen Präferenzen vieler Vertreter dieses Fundamentalismus auf der (zum Teil sehr weit außen stehenden) politischen Linken befinden. Die Anhänger dieser Keynes-Interpretation sind und waren nicht sehr zahlreich, zum Teil sind sie auch untereinander zerstritten, und mit Ausnahme der Keynes-Jünger aus Cambridge wie Richard Kahn oder Nicholas Kaldor haben sie niemals bedeutenden Einfluss auf die Politik erhalten. Sie verbindet die Überzeugung, dass ein Schlüssel zur Interpretation von Keynes in der Betonung der Unsicherheit für den Wirtschaftsablauf liegt.

Von den vielen Spielarten des Fundamentalismus soll eine Variante vorgestellt werden, die erst in der aktuellen Krise erheblich an Popularität gewonnen hat. Es handelt sich um das Werk des amerikanischen Ökonomen Hyman Minsky (1919 bis 1996), das unter der Bezeichnung „Wall-Street-Keynesianismus" bekannt geworden ist, weil in ihm Finanzinstitute eine wesentliche Rolle spielen. Minsky galt zu Lebzeiten als Außenseiter in der Ökonomenzunft, allerdings ist das Standardwerk des Wirtschaftshistorikers Charles Kindleberger über Finanzkrisen durch Minsky beeinflusst.

Minskys Krisentheorie, man nennt sie auch die Hypothese finanzieller Instabilität, sagt Spekulationsblasen an Vermögensmärkten wie Aktien als Folge zu großzügiger Kreditvergabe voraus. Er unterschied zwischen drei Arten von Kreditnehmern:

1. Schuldner, die in der Lage sind, Zinsen zu zahlen und ihre Kredite fristgerecht zu tilgen.

2. Schuldner, die zwar Zinsen zahlen, aber ihre Kredite nicht fristgerecht tilgen können und daher auf eine Verlängerung ihre Kredite angewiesen sind.

3. Schuldner, die zu arm sind, um auch nur die Zinsen zu zahlen. In Anlehnung an einen betrügerischen Erfinder eines „Pyramiden-Spiels" sprach Minsky von Ponzi-Schuldnern. Sie bauen alleine auf erwartete Wertsteigerungen der Vermögensgüter, die sie auf Kredit erworben haben. Vor der aktuellen Krise zählten hierzu viele Arme auf dem amerikanischen Markt für „Subprime-Hypotheken".

In langen Zeiten wirtschaftlichen Wachstums verlieren Banken, Unternehmen und Konsumenten das Gefühl für Risiko und beginnen, von der Gier nach immer höheren Gewinnen getrieben, sich in gewagte Finanzierungen zu stürzen. Der Anteil der Ponzi-Schuldner wächst. Das ist das sogenannte „Minsky-Paradoxon": Finanzierungsprozesse in Marktwirtschaften führen dazu, dass sich robuste Finanzierungsstrukturen während des Booms in risikoreiche und störungsanfällige Finanzierungsstrukturen verwandeln. Dabei werden die Banken eine umso riskantere Kreditpolitik betreiben, je mehr sie darauf bauen können, in einer anschließenden Krise vom Staat – sei es durch die Notenbank oder die Regierung oder beide – gerettet zu werden.

Unterstützt wird diese Neigung zur hemmungslosen Kreditvergabe nicht nur durch den Herdentrieb, sondern auch durch den unerbittlichen Wettbewerb zwischen den Banken, der zur Entwicklung neuer Finanzprodukte beiträgt und zu Versuchen der Banken, herrschende Regulierungen zu unterlaufen. Die Finanzmärkte beginnen, heißzulaufen, ohne dass dies den Beteiligten bewusst wäre. Daueroptimisten erhalten Zuspruch, die kein Ende des Booms sehen und auf Erfahrungen früherer Krisen ungerührt versichern: „Dieses Mal ist alles anders." Der Verzicht auf seriöse Kreditstandards wird nicht nur von den Banken betrieben, sondern von den Aufsichtsbehörden toleriert.

Das Ende der Party kann ein an sich nebensächliches Ereignis einleiten, das die gesamte, miteinander vernetzte Finanzbranche in eine Krise stürzt. Daran schließt sich eine Phase an, in der die Banken so vorsichtig werden, dass sie nicht nur schlechten, sondern eigentlich auch guten Schuldnern wie anderen Finanzhäusern keine Kredite mehr geben. Damit geraten Finanzhäuser, die auf Kredite von Banken angewiesen sind, in existenzielle Not. Finanzhäuser, die keine Kredite mehr erhalten, müssen sich von rentablen Anlagen trennen, deren Kurse daraufhin erheblich unter Druck geraten. Es drohen Zusammenbrüche von Banken.

Diese Phase der Krise heißt „Minsky-Moment". Wenn der Staat nun nicht eingreift, droht die Krise von der Finanzbranche auf die Güterwirtschaft auszustrahlen und angesichts der Unsicherheit über die Zukunft eine schwere Rezession auszulösen. „Ein hoch entwickeltes, kompliziertes und dynamisches Finanzsystem wie das unsere generiert aus sich heraus destabilisierende Kräfte, so dass ernsthafte Rezessionen die natürlichen Konsequenzen eines auf Interventionen verzichtenden Kapitalismus sind: Das Finanzwesen kann nicht freien Märkten überlassen bleiben", schlussfolgerte Minsky.

Es ist offensichtlich, warum die Arbeiten dieses lange Zeit kaum zur Kenntnis genommenen Ökonomen in unserer Zeit populär geworden sind. Die Ähnlichkeiten zwischen seiner Analyse und dem Verlauf der aktuellen Krise sind frappierend. Daher verdienen auch Minskys wirtschaftspolitische Empfehlungen Beachtung:

Es ist zunächst Aufgabe der Geldpolitik, das wankende Finanzsystem durch die Bereitstellung zusätzlicher Mittel aufzufangen, denn die Notenbank ist als Bank der Banken der „Geldgeber der letzten Instanz". Minsky schrieb: „Eine Facette der Verantwortlichkeit als ‚Geldgeber der letzten Instanz' besteht in der Nothilfe, wenn eine Krise offensichtlich wird und Gefahr besteht. Die dann notwendigen Handlungen ersetzen private Verbindlichkeiten durch Verbindlichkeiten der Notenbank und die Übernahme privater Verluste durch die Notenbank oder andere staatliche Einrichtungen."

Allerdings begründet die Rettung privater Banken durch den Staat für diesen Eingriffsrechte: „Die zweite Facette der Verantwortlichkeit als ‚Geldgeber der letzten Instanz' leitet sich aus dem Recht eines Versicherers ab, vom Versicherten ein vernünftiges und vorsichtiges Verhalten zu verlangen. Wenn ein ‚Geldgeber der letzten Instanz' im Falle eines Problems einspringt, besitzt er das Recht und die Verantwortung, Geschäftspraktiken zu kontrollieren und zu verhindern, die Finanzkrisen entweder erzeugen oder verschlimmern." Die Notmaßnahmen wollte Minsky nicht auf die Banken beschränken; auch andere Unternehmen könnten nach seiner Ansicht Zugang zu Krediten der Notenbank erhalten.

Die Krise muss der Staat zudem in Form expansiver Geld- und Finanzpolitik bekämpfen, um den für das Wirtschaftswachstum wesentlichen Investitionsprozess anzuregen. Unternehmen leiden in einer solchen Situation unter hoher Unsicherheit über die künftige Entwicklung. Die expansive Geldpolitik soll Vertrauen schaffen, indem sie dazu beiträgt, die Marktpreise für Vermögensgüter zu stabilisieren. Es ist eine alte Erfahrung, dass expansive Geldpolitik in Krisen die Aktienkurse steigen lässt, was es Unternehmen erleichtert, sich über den Aktienmarkt neues Kapital für Investitionen zu beschaffen. Expansive Finanzpolitik wirkt über die zusätzliche Nachfrage nach Gütern günstig auf die Profitraten von Unternehmen ein und erleichtert auf diese Weise Investitionen.

Dabei war sich Minsky der mit einer solchen Politik verbundenen Inflationsgefahren bewusst. Gegen die Geldentwertung wollte er mit einer restriktiven Finanzpolitik und mit Preiskontrollen vorgehen. Direkte Preiskontrollen sind seit Jahrzehnten außer Mode geraten. Die Vereinigten Staaten hatten im Zweiten Weltkrieg ein Preiskontrollsystem aufgebaut, und noch in den siebziger Jahren erwogen einige keynesianische Ökonomen, gegen die damals sich ausbreitende Inflation mit Preiskontrollen vorzugehen. Insofern war auch Minsky ein Kind seiner Zeit.

Diese wirtschaftspolitischen Vorschläge gelten für eine Wirtschaft, die in eine schwere Krise geraten ist. Minsky war jedoch der Auffassung, dass eine vernünftige Politik Präventivmaßnahmen ergreift, um einen extremen Boom und die daraus folgende Krise gar nicht erst stattfinden zu lassen. Hierzu schlug er Regulierungen der Finanzbranche vor, die im Wesentlichen strengere Eigenkapital- und Liquiditätsregeln sowie eine schärfere Überwachung der Branche durch die Aufsichtsbehörden vorsehen.

Bei den Eigenkapitalregeln regte Minsky an, für das Verhältnis zwischen Eigenkapital und risikogewichteten Vermögensgegenständen eine Mindestgröße festzulegen (was nach seinem Tode auch geschah) sowie die Gewinnausschüttungen zu begrenzen, um das Eigenkapital der Banken durch die Einbehaltung eines Teils der Gewinne zu stärken: „Die Kontrolle über das Verhältnis von Eigenkapital und Vermögensgegenständen sowie über das Verhältnis von Gewinn und Ausschüttung sind wirkungsvolle Waffen, um die Entwicklung des Bankwesens zu steuern. Einmal etabliert, sollte das Verhältnis zwischen Eigenkapital und Vermögensgegenständen nicht regelmäßig verändert werden, aber die Aufsichtsbehörden sollten das Verhältnis von Gewinn und Ausschüttung ändern können, wenn das Eigenkapital zu langsam oder zu schnell wächst."

Schließlich trat Minsky für ein dezentralisiertes Bankwesen mit nicht zu großen Instituten ein. Denn je größer eine Bank ist, umso mehr entsteht eine Verpflichtung für den Staat, sie im Krisenfall zu retten. Auch das ist eine aktuelle Debatte, in der sich der bekannte monetaristische Ökonom Allan Meltzer mit dem Satz geäußert hat: „Wenn eine Bank zu groß ist, um scheitern zu können, ist sie zu groß" *(If a bank is too big to fail, it is too big)*. Als Minsky dies vor Jahrzehnten postulierte, nahm ihn niemand ernst. Minsky befürwortete ein dezentrales System überschaubarer Banken aber auch aus Gründen der daraus folgenden Wirtschaftsstruktur: „Es existiert eine Korrelation zwischen der Größe einer Bank und der Größe der Unternehmen, die sie bedienen kann. Ein dezentralisiertes Banksystem mit vielen kleinen und unabhängigen Banken begünstigt eine aus hauptsächlich kleinen und mittelgroßen Firmen bestehende industrielle Struktur. Ähnlich fördert ein aus großen Häusern mit Niederlassungen im ganzen Lande bestehendes hoch konzentriertes Banksystem die Konzentration in der Industrie."

Minsky war der Auffassung, dass staatliche Politik die Ausschläge des Konjunkturzyklus dämpfen könne, die Instabilität aber dennoch eine dem Kapitalismus innewohnende Eigenschaft bleibe. Das Ausbleiben schwerer Verwerfungen seit der Weltwirtschaftskrise erklärte er in seinem Spätwerk unter anderem mit dem größeren Staatsanteil an der Wirtschaft, der tendenziell konjunkturstabilisierend wirke. Als zweiten Grund führte er an, dass offenbar die Schrecken der Weltwirtschaftskrise noch nachwirkten. Denn eine große Krise sei erst dann wieder möglich, wenn die letzte große Krise vergessen sei. Auch das trifft für die aktuelle Krise zu.

3   ANIMAL SPIRITS

*„Eine Erneuerung der Wirtschaftstheorie erweist sich
insbesondere angesichts der gegenwärtigen Rezession als notwendig.
Immerhin müssen unsere Politiker wissen, was sie tun sollen."*
Die Ökonomen George A. Akerlof und Robert J. Shiller

Eine These in der *Allgemeinen Theorie* lautete, dass sich die
mit Unsicherheit konfrontierten Menschen meistens, aber
nicht immer rational verhalten. Dort heißt es: „Auch abgesehen von der durch Spekulation erzeugten Instabilität,
gibt es eine durch die Eigenschaften der menschlichen
Natur erzeugte Instabilität, die dazu führt, dass ein großer
Anteil unserer Handlungen – ob es sich um moralische,
hedonistische oder ökonomische handelt – eher von sponta-
nem Optimismus abhängt als von mathematischen Erwartungen. Wahrscheinlich sind die erst nach vielen Tagen
erkennbaren vollen Konsequenzen unserer Entscheidungen,
etwas Positives zu tun, das Resultat animalischer Triebe
(Animal Spirits) – ein spontaner Drang zum Handeln statt
zum Nichthandeln, und nicht das Ergebnis eines gewichte-
ten Durchschnitts zahlenmäßiger Vorteile multipliziert
mit quantitativen Wahrscheinlichkeiten." Diese *Animal
Spirits* trugen nach Keynes zum Auf und Ab der Wirtschaft
bei.

Leider hat Keynes nicht detailliert, was er unter *Animal Spirits* genau versteht und für wie wichtig er sie hält. Sie
erschienen nur einmal am Ende einer Passage über Spekulationen an den Börsen, und an anderer Stelle wies Keynes

bekanntlich darauf hin, dass die Bedeutung irrationalen Verhaltens für den Wirtschaftsablauf auch nicht überschätzt werden sollte. Der Begriff *Animal Spirits* lässt sich fast 2.000 Jahre zurückverfolgen bis zu dem griechischen Arzt Galenos von Pergamon („spiritus animalis"), der darüber schrieb. Auch im Mittelalter und der frühen Neuzeit haben sich Autoren dieses Konzepts bedient, darunter der französische Philosoph René Descartes. Der Franzose glaubte, dass im Herzen erhitztes Blut das Gehirn anregen und dafür sorgen konnte, dass Menschen „im Gegensatz zu ihrer besten Urteilskraft" handeln. Keynes hatte in einer philosophischen Vorlesung über Descartes gehört und sich dazu das Stichwort „unbewusstes geistiges Handeln" notiert.

Die Bedeutung nichtrationalen Verhaltens ist von den führenden ökonomischen Schulen in der Zeit nach dem Zweiten Weltkrieg weitgehend ignoriert worden. Die Keynesianer der neoklassischen Synthese wollten davon ebenso wenig wissen wie die Monetaristen oder später die Anhänger der Theorie rationaler Erwartungen. Es hat in den vergangenen 25 Jahren zwar einzelne Versuche gegeben, nichtrationales Verhalten in moderne makroökonomische Modelle einzuführen. Sie trafen aber auf wenig Resonanz.

Doch abseits der herrschenden makroökonomischen Schulen fanden die *Animal Spirits* eine Theorie, die sich ihrer annahm und sie kräftig weiterentwickelte. Es handelt sich um ein in Amerika entwickeltes Forschungsgebiet namens

Behavioral Economics, zu Deutsch: Verhaltensökonomik, die sich der Analyse von Marktanomalien verschrieben hat. Sie führt moderne Erkenntnisse der Psychologie und der Gehirnforschung mit ökonomischen Analysen menschlichen Verhaltens zusammen. Im Mittelpunkt der Untersuchungen stehen menschliche Verhaltensweisen, die im Widerspruch zu der in der traditionellen ökonomischen Theorie verwendeten Annahme der rationalen Nutzenmaximierung durch den Menschen steht.

Ein Beispiel bildet die Orientierung vieler Menschen an Faustregeln, die sie einer präzisen Analyse einer Entscheidungssituation vorziehen. Ein interessanter Zweig dieser Wissenschaft nennt sich *Behavioral Finance;* er untersucht menschliche Verhaltensweisen auf Finanzmärkten. Eine Erkenntnis lautet beispielsweise, dass für viele Anleger ein Verlust von 10.000 Euro an der Börse vergleichsweise mehr Schmerz erzeugt als ein Gewinn von 10.000 Euro Freude erzeugt. In diesem Verhalten manifestieren sich die Verlustängste, die viele Menschen plagen.

An der Entwicklung der *Behavioral Economics* haben sich bedeutende Forscher beteiligt. Die Anwendung dieses Theoriezweigs auf die Makroökonomik wurde zum Spezialgebiet des Amerikaners George Akerlof (Nobelpreis 2001), dem sich sein kaum weniger bekannter Landsmann Robert Shiller angeschlossen hat. Akerlof hat in seiner Nobelpreis-Vorlesung geschildert, wie er und Kollegen seit Jahrzehnten versucht haben, in Anlehnung an Keynes verhaltensökonomische Erklärungen für ökonomische Phänomene zu finden, die von der traditionellen Theorie nicht oder nur schwer erklärt werden können. „Ein wesentlicher Beitrag der verhaltensorientierten Makroökonomik besteht in der Herleitung, dass unter sinnvollen verhaltensökonomischen Annahmen die Geldpolitik realwirtschaftliche Effekte besitzt, gerade wie sie von der keynesianischen Ökonomik lange versichert worden sind", erklärte Akerlof. Ein anderes Beispiel: So darf es nach der Theorie rationalen Verhaltens bei effizienten Märkten keine unfreiwillige Arbeitslosigkeit geben, weil sich Arbeitgeber und Arbeitnehmer in ihrem jeweiligen Interesse auf das Lohnniveau einigen, bei dem gesamtwirtschaftlich Vollbeschäftigung entsteht. Man hat aber Arbeitslosigkeit beobachtet als Folge eines Lohnniveaus, das von den Arbeitgebern zu hoch gehalten wurde. Warum aber sollten Arbeitgeber einen höheren Lohn zahlen als notwendig? Die Theorie rationalen Verhaltens besitzt hier keine Antwort, im Unterschied zur Verhaltensökonomik. Aus deren Sicht kann das Arbeitgeberverhalten erklärt werden durch den Wunsch, gute Arbeit des Beschäftigten zu honorieren, durch den Wunsch, fair zu sein oder durch eventuelle Gruppennormen.

Mit der laufenden Keynes-Renaissance haben die Veröffentlichungen über die animalischen Triebe und die Verhaltensökonomik zugenommen. Weitverbreitet ist ein *„Animal Spirits"* getauftes Buch von Akerlof und Shiller, das sich ausdrücklich auf Keynes als Stichwortgeber beruft. Die beiden Autoren verstehen unter Animal Spirits die „Ideen und

Gefühle" der Menschen, und sie wollen die diesen Ideen und Gefühlen zugrunde liegenden Denkmuster erarbeiten und ihre ökonomischen und politischen Konsequenzen herleiten. Sie untersuchen fünf Ausprägungen der *Animal Spirits:* Vertrauen, Fairness, Korruption und unmoralisches Verhalten, Geldillusion und Geschichten.

Die erhebliche Bedeutung des Vertrauens für das Wirtschaftsleben hatte schon Keynes thematisiert. Fairness beeinflusst nach Ansicht der Autoren in hohem Maße die Bildung von Löhnen und Preisen. Korruption und unmoralisches Verhalten kennzeichnen leider auch viele Menschen und besitzen wirtschaftliche Folgen. Mit der Geldillusion ist die mangelnde Fähigkeit von Menschen gemeint, die Folgen von Inflation oder Deflation korrekt einzuschätzen: Viele Arbeitnehmer dürften sich nach einer Lohnerhöhung um 5 Prozent auch dann noch reicher fühlen, wenn sie wissen, dass die Inflationsrate ebenfalls 5 Prozent beträgt. Solche Arbeitnehmer leiden unter Geldillusion, da sie in Wirklichkeit überhaupt nicht reicher sind. Mit „Geschichten" meinen Akerlof und Shiller die Neigung der Menschen, ihre Sichtweise der Realität durch ihre eigene Lebensgeschichte oder die Lebensgeschichte anderer Menschen beeinflussen zu lassen.

Die Autoren erklären im zweiten Teil ihres Buches ökonomische Phänomene wie den Einfluss der Zentralbanken auf die Wirtschaft, die starken Kursschwanken an Finanzmärkten, Arbeitslosigkeit oder das Vorhandensein von Armut besonders unter benachteiligten Minderheiten wesentlich durch die vorher analysierten *Animal Spirits.* Akerlof und Shiller entdecken auf diese Weise zahlreiche Marktunvollkommenheiten, auch wenn sie grundsätzlich zur Marktwirtschaft und zur Lehre von Adam Smith stehen. Das entspricht in etwa der Position, die Keynes eingenommen hatte. Konkrete wirtschaftspolitische Schritte empfehlen die Autoren kaum, aber aus ihrer Analyse wird deutlich, dass dem Staat eine größere Verantwortung zukommt als im reinen Marktmodell.

Ob die Verhaltensökonomik als Folge der aktuellen Krise und der neuen Popularität von Keynes in der Wissenschaft und in der Öffentlichkeit dauerhaft an Rang gewinnen kann, ist schwer einzuschätzen. Immerhin wirft sie Fragen auf, die eine vertiefende Behandlung verdienen. Die herrschende Theorie hat auf die Herausforderung durch die Verhaltensökonomik in der Vergangenheit auf zweierlei Weise reagiert. Sie hat Erkenntnisse der Verhaltensökonomik entweder als irrelevant bezeichnet, als eine reine Ansammlung von Marktanomalien zum Beispiel, oder sie hat Erkenntnisse in ihre eigenen Modelle eingebaut. So lässt sich das Verhalten von Anlegern während einer Spekulationswelle durchaus auch als rational analysieren (Abreu/Brunnermeier 2003). Es existieren auch Fälle, in denen die Verhaltensökonomik und die dominierende Theorie zum gleichen Ergebnis gelangen. So halten beide die Existenz von Institutionen, die Vertrauen schaffen und damit die Bildung irrationaler Erwartungen erschweren, für sinnvoll. Immerhin hat Keynes in der Verhaltensökonomik eine ebenso dauerhafte Heimstatt gefunden wie in der Makroökonomik.

4 KEYNES IN DEUTSCHLAND

> *„Lieber 5 Prozent Inflation als 5 Prozent Arbeitslosigkeit."*
> Bundeskanzler Helmut Schmidt

Flirt mit dem Nationalsozialismus ?

John Maynard Keynes war in Deutschland seit seinem Buch über den Vertrag von Versailles ein bekannter Mann, und so wurden auch seine weiteren Bücher ins Deutsche übersetzt. Im deutschen Vorwort zur *Allgemeinen Theorie* fanden sich allerdings einige höchst umstrittene Sätze: „Trotzdem kann die Theorie der Produktion als Ganzes, die den Zweck des folgenden Buches bildet, viel leichter den Verhältnissen eines totalitären Staates angepasst werden als die Theorie der Erzeugung und Verteilung, einer gegebenen, unter den Bedingungen des freien Wettbewerbes und eines großen Maßes von *Laissez-faire* erstellten Produktion … Obschon ich sie also mit Blick auf die in den angelsächsischen Ländern geltenden Verhältnisse ausgearbeitet habe, wo immer ein großes Maß an *Laissez-faire* vorherrscht, bleibt sie dennoch auf Zustände anwendbar, in denen die staatliche Führung ausgeprägter ist."

Diese Passage wird immer wieder als Beleg dafür angeführt, dass Keynes kein überzeugter Demokrat gewesen sei, sondern Sympathie für totalitäre Systeme besessen habe, auch wenn die fragliche Textstelle keinerlei Sympathiebeweis für den Nationalsozialismus enthält. Es ist bis heute nicht völlig klar, wer diese Sätze überhaupt verfasst hat. Denn nur ein Teil von ihnen findet sich in Keynes' englischen Manuskripten. Vielmehr ist nicht ausgeschlossen, dass eventuell ein deutscher Betreuer der Ausgabe das Vorwort zupackend redigierte, diesen Text aber vor der Veröffentlichung möglicherweise Keynes zusandte, der ihn dann „durchwinkte". Ähnlich war es wenige Jahre zuvor einem Aufsatzmanuskript von Keynes ergangen. Völlig klar ist die Sache aber nicht. Der Keynes-Biograph Donald Moggridge bezeichnet die Passage als am „meisten irrititerenden und gefühllosesten Kommentar" sowie als „schändlich und erstaunlich".

Gleichwohl existiert eine überragende historische Evidenz, die Keynes' Aversion gegenüber totalitären Regimes im Allgemeinen und dem Nationalsozialismus im Speziellen belegt. Als Reaktion auf die von den Nationalsozialisten geförderten Ausbrüche von Judenhass hatte er im August 1933 dem Bonner Ökonomen Arthur Spiethoff geschrieben: „Sehen Sie mir meine Worte über Barbarei nach. Aber dieser Begriff beschreibt zutreffend die Wirkungen der jüngsten Ereignisse in Deutschland auf uns alle hier … Nach unserer Auffassung ist es viele Generationen her, dass solche schändlichen Ereignisse in einem Land stattgefunden haben, das den Anspruch erhebt, sich zivilisiert zu nennen … Aber wenn Sie mir erzählen, dass diese Ereignisse nicht erzwungen wurden, sondern Ausdruck eines allgemeinen Wollens waren, dann würde das aus unserer Sicht einige der Verfolgungen und Gewalttaten, von denen wir hören, noch zehn Mal entsetzlicher machen."

Keynes setzte sich dafür ein, von den Nationalsozialisten Verfolgten eine Zuflucht in Großbritannien zu verschaffen, fern von einem Deutschland, das sich „ins Mittelalter und bis zu Odin" zurückzog und über dessen imperialistische Politik der Brite keinerlei Zweifel hegte. Faschistischer Neigungen wird man Keynes nicht verdächtigen dürfen, wohl aber ist die von Moggridge zitierte Indifferenz fragwürdig, mit der Keynes ein Vorwort für ein Land verfasste, dessen politisches System er aus gutem Grunde verachtete.

Wilhelm Lautenbachs Plan

Wie in anderen Ländern hatte es auch in Deutschland vor der Veröffentlichung der *Allgemeinen Theorie* Ökonomen gegeben, die angesichts der ökonomischen und politischen Verwerfungen der Weltwirtschaftskrise staatliches Handeln befürworteten. In Deutschland ist vor allem der damalige Oberregierungsrat im Wirtschaftsministerium, Wilhelm Lautenbach, zu nennen, der später den Beinamen „der deutsche Keynes" erhielt. Das Deutsche Reich befand sich im Herbst 1931 in einer sehr unkomfortablen Situation, denn nicht nur die Weltwirtschaftskrise und eine Bankenkrise hatten das Land erfasst. Gleichzeitig war die außenwirtschaftliche Situation angespannt, da Deutschland im Ausland verschuldet war und noch Reparationen aus dem Ersten Weltkrieg zahlen musste. Eine Senkung des Leitzinses durch die Reichsbank kam daher nicht in Frage, denn sie hätte den Wert der Währung an den Devisenmärkten unterminiert und den Abzug ausländischer Kredite zur Folge gehabt, wonach das Deutsche Reich womöglich nicht mehr in der Lage gewesen wäre, seine Einfuhren zu bezahlen.

Lautenbach entwickelte einen auf zwei Säulen beruhenden Plan. Zum einen sollten die durch Kartelle von Konzernen künstlich hochgehaltenen Preise herabgesetzt werden, um die Absatzchancen deutscher Produkte im Ausland zu verbessern. Zeitgleich mussten auch die Löhne mit den Preisen zurückgehen, da andernfalls ein Reallohnanstieg die Unternehmen zu noch mehr Entlassungen gezwungen hätte. Sinkende Preise und Löhne waren die klassische Medizin für eine Wirtschaftskrise, aber Lautenbach war gleichzeitig davon überzeugt, dass der Staat aktiv Nachfragepolitik betreiben musste, um durch eine „Initialzündung" der Wirtschaft einen Schub zu verleihen. Zur Finanzierung eines solchen Programms hatten Lautenbach und ein paar andere deutsche Ökonomen ursprünglich an die Auflegung einer Anleihe im Ausland gedacht, doch erschien ihnen im Herbst 1931 ein solches Unterfangen nicht mehr als realistisch. Stattdessen schlug Lautenbach ein Investitionsprogramm bei der staatlichen Reichsbahn vor. Finanziert werden sollte es durch Wechsel der Reichsbahn, die von der Reichsbank gegen Geld angekauft würden. Lautenbach wollte mit seinem Programm innerhalb weniger Monate 800.000 Arbeitsplätze schaffen. Bei der Reichsbahn existierte ein hoher Investitionsbedarf, und die Verbesserung der Verkehrs-Infrastruktur würde der gesamten Wirtschaft zugute kommen. Allerdings gab es ein Problem: Niemand wusste, wie das Ausland reagieren würde. Sollte das Ausland das Programm als unseriös und damit als Gefahr für die deutsche Währung betrachten, könnten höchst schädliche Kapitalabzüge aus Deutschland die Folge sein.

Im September 1931 trafen sich hochrangige deutsche Politiker und Wirtschaftsexperten zu einem Geheimtreffen in Berlin, auf dem der Lautenbach-Plan besprochen wurde. Selbst Walter Eucken und Wilhelm Röpke, die später als Ordoliberale eine große Distanz gegenüber dem Keynesianismus besaßen, sprachen sich damals für ein staatliches Nachfrageprogramm aus. Die Politik, von einzelnen Ökonomen wie Edgar Salin unterstützt, lehnte das Programm jedoch mit Scheinargumenten ab. Sie wollten Deutschland noch tiefer in die Krise treiben, um die Alliierten zur Erlassung der deutschen Kriegsschulden zu zwingen. Das Ansinnen gelang ihnen auch – im Gegenzug förderte diese Politik die Machtergreifung Hitlers.

Das Stabilitäts- und Wachstumsgesetz

Nach dem Zweiten Weltkrieg bedurfte das deutsche „Wirtschaftswunder" in der Bundesrepublik mit seinen hohen Wachstumsraten viele Jahre keiner Krisenökonomik, und die geistige Unterstützung lieferten der Freiburger Ordoliberalismus und die Kölner Schule der Sozialen

Marktwirtschaft. In diesen Kreisen besaß Keynes keine gute Presse; seine Lehre galt dort als zu interventionistisch und zu inflationistisch. Doch schon in den fünfziger Jahren distanzierten sich junge, an Wirtschaftstheorie interessierte deutsche Ökonomen wie Herbert Giersch und Rudolf Richter von den Lehren aus Freiburg und Köln, die ihnen zu viel Ideologie und zu wenig Wirtschaftstheorie enthielten.

Unter Führung des Kieler Professors Erich Schneider, des damals wahrscheinlich einflussreichsten deutschen Ökonomen, beschäftigten sie sich vor allem mit Oligopoltheorie und keynesianischer Theorie. Über sein weitverbreitetes Lehrbuch sorgte Schneider für eine Verbreiterung keynesianischen Gedankenguts. Dass gesamtwirtschaftliches Denken im Sinne von Keynes auch in Deutschland salonfähig wurde, belegt die Gründung des Sachverständigenrats zur Begutachtung der gesamtwirtschaftlichen Entwicklung im Jahre 1963.

Die Minirezession Mitte der sechziger Jahre, die mit einem Anstieg der Arbeitslosenquote von null auf 2 Prozent damals für Beunruhigung sorgte, sowie die Bildung der Großen Koalition aus CDU/CSU und SPD leitete die kurze Hochzeit des Keynesianismus in Deutschland ein, verkörpert vor allem durch den hochintelligenten und sprachgewaltigen SPD-Wirtschaftsminister Karl Schiller, der vor seinem Einstieg in die Politik eine Professur in Hamburg besessen hatte. Die politischen Konzepte lieferte im

Hintergrund Herbert Giersch, der dem Sachverständigenrat seit 1964 angehörte und damals in Saarbrücken lehrte. So empfahl der Sachverständigenrat im Jahre 1965 die Einrichtung einer sogenannten „Konzertierten Aktion", die später von Schiller umgesetzt wurde. Die „Konzertierte Aktion" bestand aus einem Runden Tisch, an dem sich Vertreter der Politik, der Unternehmer und der Gewerkschaften trafen, um ihre Handlungen im Interesse der Gesamtwirtschaft miteinander abzustimmen.

Im Mai 1967 verabschiedete die Deutsche Bundesbank das Stabilitäts- und Wachstumsgesetz, das als „Magna Charta" der deutschen Wirtschaftspolitik und als Triumph des Keynesianismus in Deutschland verstanden wurde. Das Gesetz bestimmt vier gesamtwirtschaftliche Ziele, deren Erfüllung von der Finanzpolitik berücksichtigt werden soll: ein stabiles Preisniveau, einen hohen Beschäftigungsstand sowie ein außenwirtschaftliches Gleichgewicht bei angemessenem und stetigem Wirtschaftswachstum. In der Öffentlichkeit war vom „magischen Viereck" die Rede. Die Konzertierte Aktion sollte die Erreichung dieser Ziele ebenso erleichtern wie die auch von Giersch entwickelte sogenannte Globalsteuerung, deren Sinn darin bestand, bei wirtschaftlichen Fehlentwicklungen aus dem Menü von Geld-, Finanz- und Außenwirtschaftspolitik die jeweils geeignete Politikform auszusuchen – wobei die Deutsche Bundesbank von der Regierung unabhängig war und nicht zu einer Kooperation gezwungen werden konnte. Im Lichte der späteren Ereignisse sei darauf hingewiesen, dass im Stabilitätsgesetz nicht nur für den Fall einer Wirtschaftskrise Vorsorge getragen wurde. Vielmehr sollten, entsprechend den Vorstellungen von Keynes, in guten wirtschaftlichen Zeiten ein Teil der Steuereinnahmen aufgehoben werden, um sie in einer anschließenden Rezession für Konjunkturprogramme zu verwenden. Ebenso war im Boom an einen konjunktur-dämpfenden Zuschlag zur Einkommen- und Körperschaft-steuer gedacht, der in einer Rezession den Steuerzahlern erstattet werden sollte. Solche Maßnahmen zur Dämpfung der Hochkonjunktur wurden bis einschließlich 1973 immer wieder beschlossen. Der Marsch in den Schulden-staat war im Stabilitäts- und Wachstumsgesetz nicht vor-gesehen.

Das Scheitern des Keynesianismus

Diese politische Konzeption brach bereits in den siebziger Jahren zusammen. Zweistellige Lohnabschlüsse als Ergeb-nis von Forderungen der Gewerkschaften, der Ölpreis-schock sowie der Zusammenbruch des Währungssystems von Bretton Woods erzeugten auch in Deutschland jene Kombination aus Wirtschaftsschwäche bei hoher Inflation („Stagflation"), für die keynesianische Politik nicht geschaffen schien. Schiller hatte sich im Jahre 1972 nach innerparteilichen Streitigkeiten aus der Politik zurückgezo-gen, während Giersch als neuer Präsident des Kieler Insti-tuts für Weltwirtschaft eine Wende vom Keynesianer zum Angebotsökonomen hinlegte und damit dem Trend der

Zeit folgte. Das Wirtschaftsministerium übernahm Schillers ehemaliger Hamburger Schüler Helmut Schmidt, der 1974 Bundeskanzler wurde und sich als undogmatischer Keynesianer verstand. Schmidt prägte im Geiste der Phillips-Kurve den Satz: „Lieber 5 Prozent Inflation als 5 Prozent Arbeitslosigkeit", aber während die Inflationsrate Mitte der siebziger Jahre gut 7 Prozent erreichte, näherte sich die Arbeitslosenquote der Marke von 5 Prozent.

An dieser Stelle machte die Deutsche Bundesbank nicht mehr mit. Sie verschrieb sich Mitte der siebziger Jahre monetaristischen Konzepten und nahm eine kurze Rezession in Kauf, um die Inflationsrate von 7 Prozent auf ein mit dem Gebot der Preisniveaustabilität verträgliches Niveau zu drücken. Die sozialliberale Regierung steuerte mit Konjunkturprogrammen gegen, die zu einem Anstieg der Staatsverschuldung führten, aber einen spürbaren Rückgang des Wirtschaftswachstums nicht verhindern konnten.

Die christlich-liberale Koalition wollte nach 1982 von Keynes offiziell nichts wissen, bemühte sich aber dennoch nicht sonderlich um einen Haushaltsausgleich und lancierte im Prozess der deutschen Einheit das mit Abstand größte nachfragepolitische Programm der deutschen Nachkriegsgeschichte, ohne es mit dem Namen Keynes zu verbinden. Auch für die SPD Gerhard Schröders, die 1998 in Berlin wieder an die Macht kam, bedeutete Keynes nichts mehr. Erst in der aktuellen Krise fand die deutsche Politik wieder zu keynesianischer Konjunkturpolitik zurück – allerdings zögerlicher als Regierungen anderer Länder.

An den Hochschulen hielt sich der Einfluss des Briten länger als in der Politik, denn im Zusammenhang mit der Gründung neuer und dem Ausbau alter Universitäten in den siebziger Jahren erhielten zahlreich junge, von der 68er-Bewegung geprägte Keynesianer Lehrstühle. Die meisten dieser Keynesianer lehrten die gemäßigte neoklassische Synthese Samuelsons, aber an einigen Universitäten wie in Bremen und in Marburg etablierte sich ein linker Fundamentalismus, der von Marx mindestens so stark geprägt war wie von Keynes.

Diese Ökonomen beeinflussten zwar weder die Wirtschaftspolitik noch den wissenschaftlichen Fortschritt, sorgten aber bis heute dafür, dass sich in Deutschland der Name Keynes mit einem sehr ausgeprägten Staatsinterventionismus verband und damit zu einem Bürgerschreck wurde, vor allem, nachdem Schiller und Schmidt, die viel zu gemäßigt und bürgerlich waren, um als Bürgerschreck dienen zu können, die politische Bühne verlassen hatten. Eine wissenschaftliche Eigenleistung kann in Deutschland lediglich der von dem Ökonomen Hajo Riese begründete „Berliner Monetärkeynesianismus" beanspruchen, der jedoch niemals den Ausbruch aus seinen eigenen engen Zirkeln schaffte und hier aus Platzgründen nicht behandelt werden kann. (Eine umfassende Dokumentation bietet Riese 2001.)

Doch obgleich die Keynesianer zahlreiche Lehrstühle besaßen, gerieten sie seit den siebziger Jahren in eine Zangenbewegung aus Monetarismus und Angebotsökonomik, zwischen denen es viele Überschneidungen gab. Während Giersch an der Ostsee die angebotsorientierte „Kieler Schule" begründete, setzten sich angebotsorientierte Vorstellungen auch im Sachverständigenrat und zunehmend auch in den Medien durch. Lediglich das Recht der Gewerkschaften, ein Mitglied des Sachverständigenrats zu bestimmen, sorgte dafür, dass mindestens ein Keynesianer im Gremium der „Fünf Weisen" sitzt. Seit einigen Jahren ist dies der Würzburger Ökonom Peter Bofinger, der mittlerweile Keynes und Erhard auf der politischen Agenda miteinander verbinden will.

Keynes in der Schweiz

Die Weltwirtschaftskrise der dreißiger Jahre erfasste die Schweiz mit Verzögerung. Auch wenn der Einbruch nicht so schwerwiegend war wie im Deutschen Reich, erlebte die Eidgenossenschaft doch eine für ihre Verhältnisse schwere Rezession, die von der Politik mit traditionellen Mitteln angegangen wurde: Niedrigere Löhne und Preise waren als Beitrag zur Wiederherstellung der internationalen Wettbewerbsfähigkeit gedacht, da eine Abwertung des Franken bis zum Jahre 1936 als unerwünscht galt. Zudem versuchte die Politik, durch Ausgabensenkungen und Steuererhöhungen den Staatshaushalt auszugleichen. Das stand im

Gegensatz zu den Empfehlungen von Keynes, konnte sich aber auf die Ansichten des damals einflussreichen Zürcher Ökonomen Eugen Böhler stützen. Die wachsende Bedeutung des Themas belegt die Gründung der „Kommission für Konjunkturbeobachtung" im Jahe 1932, die neben der Analyse auch für Beratung zuständig war.

Vertrat die Kommission anfangs vor allem korporatistisches Denken, so lässt sich seit Mitte der vierziger Jahre ein keynesianischer Einfluss nachweisen. So heißt es in einem Gutachten von 1944, zur „Stabilisierung der Gesamtwirtschaft" und der „relativen Stabilität der Kaufkraft" sei Folgendes notwendig (Kirchgässner 2007): „Die Voraussetzungen dafür können nur durch ein koordiniertes System von nationalen und internationalen Maßnahmen geschaffen werden, die angesichts der Verschiedenheit der nationalen Interessen und der Kompliziertheit der modernen Wirtschaftsstruktur ihr Ziel immer nur annäherungsweise erreichen können. Die wichtigste Voraussetzung dafür bildet eine aktive Konjunkturpolitik auf nationalem und internationalem Boden, die eine wirksame Beeinflussung der Nachfrage erlaubt, um auf diese Weise einen allgemeinen Schrumpfungsprozess in der Nachkriegszeit zu vermeiden."

Nach dem Zweiten Weltkrieg erreichte der Keynesianismus auch die Schweizer Universitäten, zum Beispiel in Gestalt von Gottfried Bombach, einem der einflussreichsten deutschen Keynesianer, der lange in Basel lehrte. Die Schweiz war aber auch die Heimat eines der wichtigsten

Monetaristen, die in den sechziger und siebziger Jahren der damals herrschenden „neoklassischen Synthese" zumindest vorübergehend die Führung entrissen: Karl Brunner (1916 bis 1989).

Brunner war als junger Mann in die Vereinigten Staaten gegangen, wo er es zu einem der bekanntesten Makroökonomen seiner Zeit brachte. Der sehr streitbare Ökonom beschränkte sich aber nicht darauf, jenseits des Atlantiks zu lehren. Er wollte monetaristisches Gedankengut zudem in Europa verbreiten, um sich auch hier gegen die keynesianische Flut zu stemmen.

Brunner war daher wesentlich an der Gründung zweier jährlicher Konferenzen beteiligt: des Konstanzer Seminars zur Geldtheorie und Geldpolitik (das heute noch existiert) sowie des in der Zwischenzeit eingestellten Interlaken Seminar on Ideology and Analysis. Vor allem dem Konstanzer Seminar wird eine wichtige Rolle für die Verbreitung des Monetarismus in Europa und hier nicht zuletzt in der Deutschen Bundesbank und der Schweizerischen Nationalbank nachgesagt. Aber auch ansonsten war die Hochzeit des Keynesianismus in der Schweiz spätestens in den neunziger Jahren vorüber.

Dennoch ist ein keynesianisches Erbe geblieben: der im Jahre 1978 vom Volk und den Ständen gebilligte Artikel 100 der Bundesverfassung, der sogenannte Konjunkturartikel. Er ermöglicht die Nutzung des Bundeshaushalts für expansive Finanzpolitik in Krisenzeiten. Seine Wirkung bleibt allerdings beschränkt, da der Bund keinen Durchgriff auf die Haushalte der Kantone und Gemeinden besitzt, sondern auf Kooperation angewiesen bleibt.

Expansive Finanzpolitik zur Bekämpfung von Konjunkturschwächen wurde in der Schweiz wie in anderen Industrienationen seit Mitte der siebziger Jahre betrieben. So reagierte die Politik in den Jahren 1976/76 mit drei Arbeitsbeschaffungsprogrammen auf den Einbruch der Wirtschaft. Auch in der aktuellen Krise gehört expansive Finanzpolitik zum Instrumentenkasten der Verantwortlichen auf Bundes- und kantonaler Ebene.

Eines ist bemerkenswert: Die Staatsverschuldung der Schweiz blieb in den siebziger und achtziger Jahren auf einem im internationalen Vergleich niedrigen Niveau. Ein kräftiges Wachstum erfuhr die Verschuldung vor allem während der neunziger Jahre, als der Keynesianismus als Doktrin längst abgedankt hatte. Die Wirksamkeit expansiver Finanzpolitik ist in einem kleinen, mit der internationalen Wirtschaft eng verflochtenen Land wie der Schweiz allerdings sehr eingeschränkt, weil ein substantieller Teil der Wirkung (Multiplikatoreffekt) im Ausland versickern dürfte.

FAZIT: WAS LEHRT UNS KEYNES?

„Helles Licht in dunklen Ecken."
Der britische Wirtschaftsjournalist Martin Wolf über Keynes' Lehren in unserer Zeit

Nach unserer Zeitreise durch das Leben und das Werk John Maynard Keynes' und seine Wirkung bleibt die Frage, was unsere Zeit von dem Briten lernen kann. Vieles von dem, was Keynes geschrieben hat, war zeitgebunden, manches wurde in seiner Bedeutung von der seitherigen Forschung korrigiert oder relativiert. Es wäre vermessen zu glauben, seine Theorien enthielten bis heute vollständig verborgene Schätze, die ihrer Entdeckung harren. Aber dennoch lehrt uns Keynes vieles durch die Art und Weise, wie er auf die Welt – und nicht nur auf die Welt der Wirtschaft – schaute. Die folgenden Punkte erscheinen erwähnenswert:

1. Keynes war ein Pragmatiker, der die Welt so sehen wollte, wie sie war. Er war kein Ideologe, der die Welt so sehen wollte, wie sie einem vorgeprägten Bild der Welt entsprach, und er war bereit, Neues aufzunehmen und eigene Ansichten gegebenenfalls zu ändern. Die Vorstellung einer völlig ideologiefreien Wirtschaftswissenschaft oder Wirtschaftspolitik wäre naiv, und auch hinter einem hochgezüchteten mathematischen Modell mögen sich Werturteile eines Forschers verbergen. Aber gerade schwere Krisen sollten Anlass bieten, zuvor gepflegte Überzeugungen unvoreingenommen und kritisch zu überprüfen.

2. Ökonomik ist eine Sozialwissenschaft mit dem Zweck, Erkenntnisse zu gewinnen, die das Leben der Menschen verbessern. Auch in der Ökonomik mag Grundlagenforschung sinnvoll sein, aber am Ende hat sie praktisch verwertbares Wissen zu generieren. Ökonomen mögen in Elfenbeintürmen die für sie günstigsten Arbeitsbedingungen vorfinden, aber die Fenster in den Elfenbeintürmen müssen einen Blick auf die reale Welt gestatten. Wenn die herrschende Lehre in der Makroökonomik jahrzehntelang sich kaum für die Wirkungen des Geldes und mehr oder weniger gar nicht für die Existenz einer Finanzbranche interessiert, während gleichzeitig die Finanzbranche nahezu explosionsartig wächst, dürfen sich ihre Vertreter nicht über den Vorwurf des Versagens in einer schweren Finanzkrise wundern. Keynes mochte Geld- und Finanzbeziehungen in seiner Theorie unvollkommen modelliert haben, aber er war sich ihrer Bedeutung zumindest bewusst.

3. Eine Marktwirtschaft besitzt, wie Keynes vor seinem Tode mehrfach betonte, eine beachtliche Fähigkeit zur Selbstregeneration. In schweren Krisen kann sich der Staat jedoch gezwungen sehen, Vertrauen zu schaffen. Expansive Geld- und Finanzpolitik können in diesen Fällen sinnvolle Instrumente sein. Unser Erkenntnisstand über die Wirkungen dieser Politik ist aber immer noch unzureichend. Das Keynessche Forschungsprogramm behält seine Aktualität.

4. Die Lehre von Keynes enthält mehr als die Analyse von Märkten mit unflexiblen Löhnen und Preisen. Die Bedeu-

tung der Unsicherheit innerhalb seines Werkes darf nicht unterschätzt werden: In jüngerer Zeit beginnen sich auch moderne Makroökonomen wieder mit der Rolle der Unsicherheit für die Entwicklung der Gesamtwirtschaft zu interessieren, was als ermutigendes Zeichen gedeutet werden darf.

5. Der Mensch ist keine Maschine und auch kein durchweg rational handelndes und denkendes Wesen. Die Ökonomik bedarf einer realistischen Vorstellung vom Menschen.

6. Keynes' Vorstellung des Meisterökonomen, der über eine breite Kenntnis in Theorie, Geschichte und Politik verfügt, mag angesichts der Ausdifferenzierung der modernen Ökonomik in ihrer ursprünglichen Form veraltet sein. Arbeitsteilung ist auch hier grundsätzlich sinnvoll, aber sie stößt dort an Grenzen, wo die Fachleute aus unterschiedlichen Gebieten nicht ausreichend miteinander kommunizieren. Den aktuellen Methodenstreit in der deutschen Ökonomik würde er vermutlich kopfschüttelnd zur Kenntnis nehmen. Als studierter Mathematiker wusste er um den Wert mathematisch konzipierter Modelle, aber sie sollten einfach und realitätsnah bleiben und kein Selbstzweck sein. Vor allem sollte sich Ökonomik nicht in mathematischen Modellen und ökonometrischen Untersuchungen erschöpfen. Dass für ihn Ordnungen und Institutionen wichtig waren, zeigen seine Arbeiten zur Weltwährungsordnung. Die ideologielastige Theorieferne, in der sich die deutsche Ordnungsökonomik in der Nachkriegszeit trotz vorhande-

ner Theorieansätze lange verloren hatte, wäre ihm aber ebenso fremd gewesen wie die Modellschreinerei der modernen Makroökonomik.

7. Optimismus ist Pflicht. Auch schwere Krisen lassen sich überwinden, allerdings nicht durch bloßes Zuschauen. Die Demokratie als Regierungsform und die Marktwirtschaft als grundlegendes wirtschaftliches Ordnungsprinzip sind nicht zum Untergang verdammt.

8. Leben ist mehr als Wirtschaft. Das ist eine wichtige Botschaft für unsere Nachkommen. Wie unsere Nachkommen ihr Leben gestalten, bleibt aber ihnen überlassen.

LITERATUR

Abreu, Dilip / Brunnermeier, Markus: Bubbles and Crashes. Econometrica 2003

Akerlof, George A. / Shiller, Robert J.: Animal Spirits. Wie Wirtschaft wirklich funktioniert. Campus Verlag. Frankfurt 2009

Allgoewer, Elisabeth: Underconsumption Theories and Keynesian Economics. Discussion Paper. Sankt Gallen 2002

Backhouse, Roger E. / Bateman, Bradley W. (Ed.): The Cambridge Companion to Keynes. Cambridge University Press. Cambridge 2006

Backhouse, Roger E. / Bateman, Bradley W.: Keynes, John Maynard (new perspectives). New Palgrave 2008

Balastèr, Peter: Die konjunkturpolitisch motivierte Finanzpolitik des Bundes seit 1975. Die Volkswirtschaft 2009

Bateman, Bradley B.: Scholarship in Deficit. Buchanan and Wagner on John Maynard Keynes. History of Political Economy 2005

Blanchard, Olivier J.: The State of Macro. Working Paper. Cambridge (Mass.) 2008

Blomert, Reinhard: John Maynard Keynes. Rowohlt Verlag. Berlin 2007

Borchardt, Knut / Schötz, Hans Otto (Hg.): Wirtschaftspolitik in der Krise. Nomos Verlagsgesellschaft. Baden Baden 1991.

Buchanan, James M. / Wagner, Richard E.: Democracy in Deficit. The Political Legacy of Lord Keynes. Academic Press. New York 1977

Chick, Victoria: Macroeconomics after Keynes. The MIT Press. Cambridge (Mass.) 1983

Clarke, Conor: An Interview with Paul Samuelson. The Atlantic vom 17. Juni 2009

Colander, David C. / Landreth, Harry: The Coming of Keynesianism to America. Edward Elgar. Cheltenham 1996

Deutschmann, Christoph: Keynes und die Rentiers. Berliner Debatte Initial. Berlin 2006

Ebenstein, Alan O.: Friedrich Hayek. Palgrave Macmillan. London 2001

Farmer, Roger E.A.: Confidence, Crashes and Animal Spirits. Working Paper (UCLA). Los Angeles 2009

Farmer, Roger E.A.: Fiscal Policy Can Reduce Unemployment: But There is a Less Costly and More Effective Alternative. Working Paper (UCLA). Los Angeles 2009

Feldstein, Martin: The Stimulus Plan We Need Now. The Washington Post vom 30. Oktober 2008

Goodwin, Craufurd: Maynard Keynes of Bloomsbury. Research Paper (Duke). Durham 2004

Guthrie, William / Tarascio, Vincent J.: Keynes on Economic Growth, Stagnation and Structrural Change. New Light on a 55-Year Controversy. History of Political Economy 1992

Hagemann, Harald: Zur frühen Rezeption der General Theory durch deutschsprachige Wirtschaftswissenschaftler. Vortragsmanuskript. Keynes-Gesellschaft 2006

Hayek, Friedrich A. von: The Road to Serfdom. The University of Chicago Press. Chicago 1994

Hemming, Richard et. al.: The Effectiveness of Fiscal Policy in Stimulating Economic Activity – A Review of the Literature. IMF Working Paper. Washington 2002

Hicks, John: Critical Essays in Monetary Theory. Clarendon Press. Oxford 1967

Hicks, John: The Crises in Keynesian Economics. Basil Blackwell. Oxford 1974

Hutchison, Terence W.: Keynes v. the „Keynesians" …? Hobart Paperback. The Institute of Economic Affairs. London 1977

Iwamoto, Takekazu: Keynes Plan for an International Clearing Union Reconsidered. Working Paper. Kyoto 1997

Jäger, Andreas: Was ist Ökonomie? Metropolis-Verlag. Marburg 1999

Johnson, Elisabeth S / Johnson, Harry G.: The Shadow of Keynes. Basil Blackwell. Oxford 1978

Johnson, Harry: Essays in Monetary Theory. George Allan & Unwin. London 1967

Kahn, Richard F.: The Making of Keynes' General Theory. Cambridge University Press. Cambridge 1984

Keynes, John Maynard: The General Theory of Employment. Quarterly Journal of Economics 1937

Keynes, John Maynard: The Balance of Payments of the United States. Economic Journal. Cambridge 1946

Keynes, John Maynard: Essays in Persuasion. Collected Writings. Band 9. Macmillan. London 1972

Keynes, John Maynard: Essays in Biography. Collected Writings. Band 10. Macmillan. London 1972

Keynes, John Maynard: Vom Gelde. 3. Auflage. Duncker & Humblot. Berlin 1983

Keynes, John Maynard: Allgemeine Theorie der Beschäftigung, des Zinses und des Geldes. 6. Auflage. Duncker & Humblot. Berlin 1983

Keynes, John Maynard: A Tract on Monetary Reform. Prometheus Books. Amherst 1999

Keynes, John Maynard: The Economic Consequences of the Peace & The End of Laissez-Faire. Prometheus Books. Amherst 2004

Keynes, John Maynard: Freund und Feind. Zwei Erinnerungen. Berenberg Verlag. Berlin 2004

Keynes, John Maynard: On Air. Der Weltökonom am Mikrofon der BBC. Murmann Verlag. Hamburg 2008

Keynes, Milo (Ed.): Essays on John Maynard Keynes. Cambridge University Press. Cambridge 1975

Kirchgässner, Gebhard: Sustainable Fiscal Policy in a Federal State: The Swiss Example. Discussion Paper. Sankt Gallen 2003

Kirchgässner, Gebhard: Geschichte und wirtschaftspolitische Konzeption der Kommission für Konjunkturfragen. Diskussionspapier. Sankt Gallen 2007

Kresge, Stephen / Wenar Leif (Ed.): Hayek on Hayek. The University of Chicago Press. Chicago 1995

Leijonhufvud, Axel: Über Keynes und den Keynesianismus. Kiepenheuer & Witsch. Köln 1973

Lekachman, Robert (Ed.): Keynes' General Theory. St. Martin's Press. New York 1964

Markwell, Donald: Keynes and International Economic and Political Relations. Trinity Papers Number 33. Melbourne 2009

Meltzer, Allan H.: Keynes's Monetary Theory. A Different Interpretation. Cambridge University Press. Cambridge 1988

Minsky, Hyman P.: The Financial Instability Hypothesis. Working Paper. Bard College 1992

Minsky, Hyman P.: Business Cycles in Capitalist Economies. MIJCF, Jobs & Capital 1994

Minsky, Hyman P.: John Maynard Keynes. 2. Auflage. Metropolis-Verlag. Marburg 2007

Moggridge, Donald E.: John Maynard Keynes. Deutscher Taschenbuch Verlag. München 1977

Moggridge, Donald E.: Maynard Keynes. An Economist's Biography. Routledge. London und New York 1992.

Muchlinski, Elke: Kontroversen in der internationalen Währungspolitik. Retrospektive zu Keynes-White-Boughton und IMF. Intervention. Zeitschrift für Ökonomie 2005

Patinkin, Donald: Die Geldlehre von John M. Keynes. Verlag Vahlen. München 1976

Paulovicova, Nina: The Immoral Moral Scientist. John Maynard Keynes. Past Imperfect 2007

Reder, Melvin W.: The Anti-Semitism of Some Eminent Economists. History of Political Economy 2000

Reuter, Norbert. Arbeitslosigkeit bei Keynes. Berliner Debatte Initial 2006

Riese, Hajo: Grundlegungen eines monetären Keynesianismus. 2 Bände. Metropolis. Marburg 2001

Rieter, Heinz: Hypothesen zur Erwartungsbildung bei Keynes und Schumpeter, in: Scherf 1985

Roepke, Wilhelm: Marktwirtschaft ist nicht genug. Verlag Manuscriptum. Marburg 2009

Rosenbaum, Eduard (Hg.): Ausgewählte Abhandlungen von John Maynard Keynes. J.C.B. Mohr. Tübingen 1956

Rosenbaum, S.P .(Ed.); The Bloomsbury Group. University of Toronto Press. Toronto 1995

Samuelson, Paul A.: Volkswirtschaftslehre. Eine Einführung. 2. Auflage. Bund Verlag. Köln 1958

Samuelson, Paul A.: The Keynes-Hansen-Samuelson Multiplier-Accelerator Model of Secular Stagnation. Japan and the World Economy 1988

Scherf, Harald (Hg.): Studien zur Entwicklung der ökonomischen Theorie IV. Duncker & Humblot. Berlin 1985

Schneider, Erich: Der Streit um Keynes. Jahrbücher für Nationalökonomie und Statistik 1953

Shiller, Robert J.: Animal Spirits Depend on Trust. The Wall Street Journal vom 27.01.2009

Skidelsky, Robert: John Maynard Keynes. Hopes Betrayed 1883 - 1920. Macmillan. London 1983

Skidelsky, Robert: John Maynard Keynes. The Economist as Saviour 1920 - 1937. Allen Lane. New York 1994

Skidelsky, Robert: John Maynard Keynes. Fighting for Freedom 1937 - 1946. Penguin Books. New York 2002

Snowdon, Brian / Vane, Howard R.: Modern Macroeconomics. Edgard Elgar. Cheltenham 2005

Spilimbergo, Antonio et. al.: Fiscal Policy for the Crisis. IMF Staff Position Note. Washington 2008

Starbatty, Joachim: Die Staatskonzeption bei Keynes und Schumpeter, in: Scherf 1985

Subrick, J. Robert: Did Buchanan and Wagner Misrepresent Keynes? History of Political Economy 2007

Unseld, Thomas: Die Rolle der Kantone in der Konjunkturkrise. Die Volkswirtschaft 2009

Wilke, Gerhard: John Maynard Keynes. Campus Verlag. Frankfurt 2002

Wolf, Martin: Shining Light in Dark Corners. Financial Times vom 26. Dezember 2008

Woodford, Michael: Convergence in Macroeconomics. Elements of the New Synthesis. Working Paper (Columia) 2008

DER AUTOR

Gerald Braunberger, geboren 1960. Banklehre und Studium der Volkswirtschaft in Frankfurt. Seit 1988 in der F.A.Z., davon fast zehn Jahre als Korrespondent in Paris und drei Jahre in der Wirtschaftsredaktion der Frankfurter Allgemeinen Sonntagszeitung. Seit Juli 2007 Verantwortlicher Redakteur für den Finanzmarkt der F.A.Z. Mehrere Buchveröffentlichungen, zuletzt „Airbus gegen Boeing" (2006) und als Mitherausgeber „Crash – Finanzkrisen gestern und heute" (2008) sowie „Finanzdynastien – Die Macht des Geldes" (2009).

Gerald Braunberger,
Judith Lembke Hg.
Finanzdynastien
Die Macht des Geldes
232 Seiten. Flexcover.
17,90 € (D), 31,70 CHF
ISBN 978-3-89981-188-9

Christoph Moss
Deutsch für Manager
Fokussierte Stilblüten aus der globalisierten Welt
der Sprach-Performance
184 Seiten. Flexcover.
17,90 € (D), 31,70 CHF
ISBN 978-3-89981-173-5

Günther Würtele Hg.
Machtworte
Wirtschaftslenker und Staatsmänner
stellen sich den Fragen der Zukunft
252 Seiten. Hardcover mit
Schutzumschlag.
24,90 € (D), 44,00 CHF
ISBN 978-3-89981-127-8

Alexander Freiherr von Fircks
Business-Etikette
So bewegen Sie sich sicher auf
jedem Parkett
200 Seiten. Hardcover mit
Schutzumschlag.
24,90 € (D), 44,00 CHF
ISBN 978-3-89981-178-0

Im Buchhandel oder unter www.fazbuch.de erhältlich.

Frankfurter Allgemeine Buch

Rainer Hank Hg.
Erklär' mir die Welt
Was Sie schon immer über
Wirtschaft wissen wollten
336 Seiten. Hardcover mit Schutz-
umschlag. 24,90 € (D), 44,00 CHF
ISBN 978-3-89981-156-8

Hanno Beck
Die Logik des Irrtums
Wie uns das Gehirn täglich ein
Schnippchen schlägt
208 Seiten. Hardcover mit Schutz-
umschlag. 24,90 € (D), 25,50 € (A)
ISBN 978-3-89981-157-5

Hanno Beck
Das kleine Wirtschafts-
Heureka
Ökonomische Geistesblitze
für zwischendurch
224 Seiten. Flexcover.
17,90 € (D)
ISBN 978-3-89981-189-6

Dirk Freytag
Macht
Eine Gebrauchsanweisung
für den Alltag
232 Seiten. Hardcover mit Schutz-
umschlag. 17,90 € (D), 31,70 CHF
ISBN 978-3-89981-171-1

Im Buchhandel oder unter www.fazbuch.de erhältlich.

Frankfurter Allgemeine Buch